KB142120

토크 트리거

입소문의
방아쇠를
당겨라

토크 트리거

제이 배어 · 다니엘 레민 지음
이영래 옮김

쌤앤파커스

CONTENTS

| 서문 | **인플루언서에 돈 쓰지 마라** _테드 라이트 · 008

PART 1 **돈만 쓰는 마케팅의 비참한 최후** · 013

CHAPTER 1 **비싼 광고 10편보다 잘 만든 입소문 하나가 낫다** · 015
'좋은 것' 위에 '더 나은 것' 위에 '독특한 것' | 구매의 90%를 좌우하는 건 광고가
아닌 입소문

CHAPTER 2 **어떤 이야기가 입소문의 방아쇠를 당기는가** · 028
'환대'를 상징하는 더블트리 호텔의 따뜻한 초콜릿칩 쿠키

CHAPTER 3 **똑같은 것은 지루하다** · 041
무료 티셔츠로 3,000달러 영업 효과를 낸 목재 회사

PART 2 **입소문으로 대박 난 그놈들의
4가지 흥행 전략** · 055

CHAPTER 4 **전략1: [주목성] 목에 새긴 문신처럼 눈에 잘 띄어라** · 065
은행에서 직통전화로 은행장과 통화하는 놀라운 경험 | 동물 복지에 헌신하는 자물
쇠 수리 업체

CHAPTER 5 전략2: [관련성] 비즈니스와 연관된 서비스를 제공하라 · 078

공짜 음료수로 엄마 아빠의 지지를 얻은 놀이공원 | 출장지에서 고객과의 저녁식사 행사를 여는 소프트웨어 업체

CHAPTER 6 전략3: [타당성] 고객에게 의심받는 서비스는 오히려 '독'이다 · 090

지역 대학 출신의 유명인사 학생증이 호텔 카드키 | 뗏목을 만들어도 될 만큼 프라이를 넘치게 담아주는 햄버거 가게

CHAPTER 7 전략4: [반복성] 모두에게 매일, 똑같이 반복하라 · 104

매 공연 후 공짜 팬 미팅으로 관객을 사로잡은 마술사 | 단골손님 선물로 대박 입소문을 낸 식당

PART 3 계속 떠들고 싶은 5가지 입소문 유형 · 119

CHAPTER 8 [공감] 고객이 처한 어려움을 이해하는가 · 125

역발상으로 공감을 얻은 친절한 추심 업체 | 수술 후가 아닌 수술 전에 환자와 통화하는 의사

CHAPTER 9 [유용] 불편함을 해결해주면 호감이 생긴다 · 134

침대로 변신하는 비행기 좌석 스카이카우치 | IT 전문가들에게 문제해결의 장을 제공하는 스파이스웍스

CHAPTER 10 [관대] 줄 때는 화끈하고 확실하게 · 148

동물원이 있는 세계적인 컨벤션 센터 | 고객이 조커 카드를 뽑으면 음식 값을 받지 않는 식당

CHAPTER 11 [속도] 언제나 고객이 알아채기 전에 움직여라 · 160

밤사이 뚝딱 고쳐서 가져다주는 정비 서비스 | 고객이 알아차리기도 전에 분실물을 찾아주는 항공사

CHAPTER 12 [태도] 고객에게 예상치 못한 놀라움을 선사하라 · 170

형광분홍색 머리띠로 이미지를 각인한 소프트웨어 회사 | 통화 연결음으로 재미있는 충격을 안겨준 전화회의 플랫폼

 PART 4 **강력하고 오래가는 입소문을 만드는 6단계 과정 · 183**

CHAPTER 13 내부 식견을 모아라 · 190

조직의 모든 부서가 입소문의 주인이다 | 입소문 어벤져스 팀 구성하기 | 첫 토크 트리거 회의에서 다뤄야 할 12가지 데이터 | 데이터 수집의 기본 원칙

CHAPTER 14 고객에게 더 가까이 다가가라 · 205

고객이 원하는 것과 '정말로' 원하는 것 사이 | 소셜미디어 대화는 토크 트리거의 제1목표가 아니다 | 창의력이 높은 고객은 개인화 욕구가 강하다 | 고객의 "대단치 않다"는 대답에 숨은 의미 | 고객의 입장에서 제품을 직접 경험해보라 | 고객을 대변할 가상 캐릭터 만들기

CHAPTER 15 토크 트리거 후보군을 만들어라 · 219

토크 트리거 아이디어를 만드는 5가지 구체적인 질문 | 아이디어의 복잡성과 영향력을 나타내는 복잡성 지도 | 토크 트리거 아이디어를 가로막는 흔한 장애물

CHAPTER 16 입소문 효과는 어떻게 평가하는가 · 237

최소 10%가 이야기하고 있는가 | 토크 트리거를 테스트하는 여러 가지 방법 | 관찰자 효과 | 온·오프라인 대화를 모두 검토하라 | 4가지 조건을 충족하지 못하는 아이디어는 버려라

CHAPTER 17 입소문을 회사 전체에 먼저 퍼뜨려라 · 251

이해관계자, 직원, 기업을 이해하고 계획하기 | 토크 트리거의 SEE 체계 | 데이터로 무장하면 내부 저항을 해결할 수 있다 | "돈 들이지 않고 더 많은 고객을 얻을 수 있다"고 설득하라 | 경영진의 전폭적인 지지를 받는 법 | 추진력이 부족한 조직에 활력을 불어넣는 토크 트리거

CHAPTER 18 산뜻하고 간결하고 쉬울수록 강력해진다 · 265

아이에게도 쉽게 설명할 수 있는가 | '왜냐하면'이라 묻고 답하기 | 고객 경험 요소를 다른 마케팅 채널과 공유하라 | 크리스피 크림이 메시지를 강화하는 방식 | 비밀은 입소문의 적 | 시간이 흐르면 토크 트리거는 기업문화가 된다

CHAPTER 19 입소문 유통기한을 늘려라 · 277

입소문에서 입소문으로 이동하는 과정 | 시너지를 일으킬 더 별난 토크 트리거 추가하기 | 차별화의 핵심은 계속 변화하는 것 | '좋다'를 넘어서는 수준 높은 고객 경험을 마련하라

| 부록 | **입소문으로 흥하는 지름길 · 290**

감사의 말 · 302

마치며 · 306

인플루언서에 돈 쓰지 마라

_ 테드 라이트(입소문 마케팅 구루)

온라인에서 불만을 제기하는 고객들을 달래려면 어떻게 해야 할까? 2016년 제이는 이와 관련해 새로운 방법을 제시했다. 그것이 어찌나 간단하면서도 함축적인지 내가 그걸 스스로 생각해내지 못한 게 짜증스러울 정도였다. 그 책은 제목만 봐도(만약 읽지 않았다면 한번 읽어보라) 당신이 알아야 할 모든 것을 파악하게 해준다. 책 제목은 이것이다.

'안티를 포용하라(Hug Your Haters).'

그뿐만 아니라 제이는 지혜를 실행하는 방법을 보여주는 사례와 과정을 잘 알고 있다. 더구나 그에게는 복잡한 개념을 명확히 전달하면서 실용적인 실행 단계를 제공하는 능력이 있다. 제이와 다니엘 레민이 입소문 마케팅의 중요한 측면, 즉 소비자들이 먼저 입소문 내는 스토리를 주제로 책을 쓴다는 말을 했을 때 내가 몹시 흥분한 이유가 여기에 있다. 이 책이 바로 그 사례와 방법을 담은 것이다. 이 책을 내기에 지금보다 더 적절한 시기가 또 있을까 싶다.

2001년 피즈^{Fizz}가 처음 입소문 마케팅 기업으로 나섰을 때 나는 미국에서 가장 촌스러운 맥주를 도시 젊은이들이 즐겨 찾는 대표 브랜드로 만들기 위해 애쓰던 팀의 일원이었다. 우리 중 가장 괴짜로 불린 한 팀원은 모든 대화에 '인플루언서' 같은 단어를 섞어 쓰곤 했다.

요즘은 구독자가 500명이 넘는 유튜버나 예쁘고 화려한 라테 아트 이미지로 도배한 인스타그램 피드도 인플루언서라고 부른다. 사실 인플루언서는 가장 이해도가 낮으면서도 마케팅에서 가장 많이 남용하는 용어로 나는 가끔 사람들의 생각을 바로잡아주고 싶은 충동을 느낀다. 그럴 때면 어깨에 망토를 두른 천사가 나타나 '안티를 포용하라.'거나 제이의 또 다른 기지 넘치는 말을 내게 속삭인다.

나는 겨우 숨을 돌리고 사랑하는 마음으로 혹은 최소한 서로를 이해하는 마음으로 다시 일을 시작한다.

전통 광고와 디지털 광고 같은 모든 유료 광고의 대들보가 계속 허물어지면서 기존 마케팅 시스템은 P2P[*]의 추천에 기대기 위해 정신없이 애쓰고 있다. 그것이 구매를 결정하는 지배적인 힘이라는 사실

---

* peer-to-peer, 사용자 간 직접 접속.

은 오래전부터 알려져 있었지만 추천은 '진짜'일 때만 작동한다. 그런데 많은 기업이 진짜 인플루언서를 찾는 데 힘을 쏟는 대신 쉬운 길을 택하고 있다. 진정성은 확실해도 실제 영향력은 거의 없는 소셜 미디어의 반짝 스타에게 제정신이라고 보기 힘든 어마어마한 돈을 쏟아붓고 있는 것이다.

이는 오토바이가 필요한데 자전거를 사는 꼴이다. 둘 다 바퀴가 2개고 안장과 핸들이 있으나 대로로 자전거를 끌고 나가는 순간 당신은 끔찍한 실수를 저질렀음을 깨닫게 된다. 인플루언서 마케팅의 핵심은 바로 '자전거를 사지 마라!'다.

문제는 마케터 입장에서는 소비자와 직접 이야기하는 것보다 매체 구매자를 다루는 것이 더 편하다는 데 있다. 결국 수십 년에 걸친 탈중개화 과정에서 그들은 어수선한 입소문 마케팅을 다룰 준비를 하지 못했다. 입소문 마케팅은 근본적으로 사람들을 상대로 한 이야기 기술이다. 가령 황금 시간대 광고권을 사는 것은 돈이 많이 들긴 하지만 쉽고 간단한 일이다. 반면 연결이 느슨한 사람들의 인적 네트워크에서 당신의 브랜드로 대화를 촉발하는 것은 돈이 많이 들지 않지만 엄청나게 복잡한 일이다. 여기에는 인내, 신뢰, 민첩함처럼 전통적 최고마케팅책임자 사이에서 가치를 인정받지 못하는 특성이 필요하다.

이런 환경에서 성장한 마케터들은 흔히 소셜 미디어 유명 인사를 섭외하고 싶은 유혹을 느낀다. 카다시안부터 퓨티파이까지 누구나 돈만 지불하면 기꺼이 당신의 제품을 드러내며 추천하고 포스팅을 해준다. 사실 제대로 된 입소문 마케터라면 "진정한 인플루언서에게는 돈이 필요치 않다."라고 말할 것이다. 그런 사람은 대개 돈으로 살 수 없기 때문이다. 아직도 많은 마케터가 이러한 현실을 모른다는 것은 우리 같은 업종에 종사하는 사람들이 일을 제대로 못했다는 뜻이다.

다시 제이와 다니엘의 이야기로 돌아가 보자. 우리에게는 진정한 입소문 과정을 기본 구성 요소로 나누어 누구나 쉽게 이해할 수 있도록 설명해줄 사람이 필요하다. 당신 브랜드를 소재로 어떻게 대화를 시작해야 할까? 고객에게는 어떻게 다가가야 할까? 단순히 좋아한다고 말하는 사람과 브랜드를 열렬하게 지지해주는 옹호자의 차이는 무엇이고, 어떻게 이 사람들을 옹호자로 바꿔놓을 수 있을까? '입소문 내기'에 집착하는 것이 당신 브랜드에 도움을 주지 않는 이유는 무엇일까? 이 책은 이 모든 것을 이해하기 쉬운 말로 기민하게 설명한다.

우리가 하는 일이 중요하다는 것은 부인하기 어렵다. 앞서 말한 촌스러운 맥주 브랜드 팹스트 블루 리본Pabst Blue Ribbon은 오랫동안 대표적인 재발명 연구 사례였다. 하지만 슬랙, 크로스핏, 치폴레, 드롭박스, 테슬라, 구글의 성공은 입소문 마케팅이 고객뿐 아니라 충성도 높고 열정적인 옹호자를 만든다는 것을 증명했다. 그러니 마케터들이 더 많이 알고 싶어 하는 것은 당연하다. 이제 그들은 인플루언서 산업체계에 속지 않는다.

이 책을 만난 그들은 행운이다. 제이와 다니엘은 책에서 입소문 마케팅의 가장 중요한 최우선 요소와 사람들이 어떤 브랜드를 놓고 서로 대화하는 스토리를 보여준다. 이 대화의 촉매제를 세스 고딘은 '퍼플 카우Purple Cow'라고 하고 나는 당신 브랜드에서 이야깃거리가 될 만한 부분이라고 부른다. 제이는 함축적 표현 능력을 발휘해 그것에 '토크 트리거Talk Trigger'라는 간결한 명칭을 붙였다. 이것은 흔치 않은 엄청난 규모의 메뉴, 호텔 베개 맡에 놓인 쿠키, 고객을 CEO와 직접 연결해주는 직통전화, 재미있는 통화 연결음일 수 있다. 그것은 뭐든 가능하며 그게 무엇이든 입소문을 만들려면 그 '무엇'이 필요하다.

물론 나도 입소문 마케팅 책을 썼고 대단히 잘 팔리고 있지만 지금 입소문 마케팅은 위험한 시기를 맞았다. 한편으로 우리가 말하는 개념과 용어가 지금보다 주류에 위치했던 적은 없다. 다른 한편으로 우리의 기술을 이렇게 많이 주장한 적도 없다. 모든 것을 고려해볼 때 이 책은 이것을 진정 이해하는 사람이 마지막에 남으리라는 것을 확신하게 해줄 것이다.

이것을 널리 알려라.

PART 1

돈만 쓰는 마케팅의
비참한 최후

비싼 광고 10편보다
잘 만든 입소문 하나가 낫다

치킨을 좋아하는가? 치킨을 정말, 정말, 정말 좋아하는가? 지미 버핏*이 해변을 좋아하는 것만큼 치킨을 좋아하는가? 그렇다면 프랜차이즈 레스토랑 치즈케이크 팩토리The Cheesecake Factory는 더할 나위 없는 선택일 것이다.

200개에 이르는 치즈케이크 팩토리 체인점에서 제공하는 치킨요리는 85가지에 달한다. 치킨요리 하나만 해도 그렇게 다양하다는 점을 고려하면 치즈케이크 팩토리 메뉴를 다 합쳤을 때 5,940단어에

---

* 1970~1980년대 유명한 가수 겸 작곡가로 휴양지 정서를 담은 음악을 만들고 연주해 해변의 한량(Beach Bum)이라 불렸다.

이르는 것도 무리는 아니다.

메뉴가 너무 많다고? 치즈케이크 팩토리는 그렇게 생각하지 않는다. 왜 이 회사는 그 엄청난 종류의 메뉴를 딱 적당하다고 보는 것일까? 식당 메뉴가 그토록 방대한 것은 이례적인 일이라 고객들이 메뉴 이야기를 하는 것은 당연하다. 사실 방대한 메뉴는 고객을 확보하려는 이 회사의 비밀 무기로 그 무기는 평범한 광경 속에 감춰져 있다. 좀 더 쉽게 말하면 모든 고객의 손에 들려 있다!

치즈케이크 팩토리에서 메뉴는 토크 트리거이며 고객의 대화를 이끌어내는 차별화 요소다.

소비자들은 그 다양한 메뉴를 매일 언급하는데 이야기 속에는 당혹감과 감탄, 불만이 어우러져 있다. 트위터만 봐도 치즈케이크 팩토리 이야기가 줄을 잇고 있음을 알 수 있다. 다음은 2017년 11월 초 트위터에서 발견한 글 중 일부다. 스마트폰이라는 통신용 비둘기가 디지털 바람을 타고 수많은 잠재고객에게 이 브랜드의 핵심 차별화 요소를 퍼트리고 있는 셈이다.

크리스토퍼
@potterhead0499

Follow

치즈케이크 팩토리에 백 번은 간 것 같아. 그런데 아직도 메뉴를 다 읽지 못했어. #CheesecakeFactory

4:56 AM - 19 Nov 2017

엘튼 존이 공연할 때 끼는 사치스런 선글라스처럼 메뉴는 치즈케이크 팩토리에서 상징적인 부분이다. 어떤 고객은 이런 식으로 표현한다.

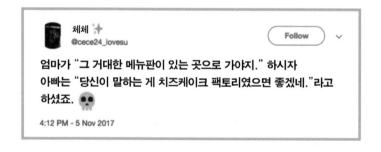

메뉴가 치즈케이크 팩토리 사업에 안겨주는 혜택은 엄청나다. 상장기업 치즈팩토리가 공개한 재무 정보를 보면 이 회사가 광고에 투

자하는 돈은 총매출의 0.2%에 불과하다.

여러 외식 브랜드를 운영하는 경쟁업체 다덴 레스토랑Darden Restaurants
은 치즈케이크 팩토리의 3배 정도 규모로 매출 대비 광고비용이
1,799%나 많다. 달러로 계산하면 다덴이 매년 지출하는 광고비용은
치즈케이크 팩토리보다 2억 6,800만 달러가 많다.

흥미롭게도 치즈케이크 팩토리는 돈을 들여 인지도를 높일 필요가
없다. 메뉴 자체가 인상적이라 고객은 자연스럽게 친구에게 치즈케
이크 팩토리 이야기를 전하고 이는 신규고객 창출로 이어진다. 이 같
은 토크 트리거를 만들어내면 그 차별점이 대화를 촉발하고 대화는
곧 다른 고객을 불러들인다. 그 결과 당신은 돈 한 푼 들이지 않고 새
로운 수익을 얻는다.

경영학자 데이비드 고즈David Godes와 디나 메이즐린Dina Mayzlin은 신규
고객이 퍼트린 단 한 번의 입소문으로 식당 매출이 200달러 가까이
증가한다는 것을 발견했다. 이런 일이 반복해서 일어나면 당신은 치
즈케이크 팩토리처럼 엄청난 광고가 필요한 분야를 경영하면서도
홍보에 거의 돈을 쓰지 않는 수십억 달러 가치의 회사를 소유할 수
있다.

'좋은 것' 위에 '더 나은 것' 위에 '독특한 것'

고객이 토크 트리거를 얼마나 자주 인식할지 궁금한가? 사실 그보다 더 중요한 것은 '차별화 요소가 실제 대화 속에 얼마나 많이 등장하는가.'다. 예를 들어 영업상 강점은 있지만 이것이 대화를 촉발하지 못한다면 어떨까? 재방문 고객으로 사업을 키워갈 수도 있으나 비용 부담 없이 신규고객을 창출하는 일은 요원해진다. 토크 트리거가 있는 기업은 고객이 자신도 모르게 기업 이야기를 하는 혹은 고객이 자발적으로 마케터로 활동하는 전달 효과^{pass-along effect} 덕분에 입소문의 긍정적 영향력을 경험한다.

우리는 치즈케이크 팩토리의 토크 트리거에 담긴 영향력을 더 잘 이해하기 위해 소비자 패널 리서치 기업 오디언스 오딧^{Audience Audit}과 함께 조사시점 이전 30일 동안 한 치즈케이크 팩토리에서 식사한 성인 100명을 찾아내 질문을 했다.

"추천해달라는 부탁이 없었어도 당신이 한 경험이 특별히 만족스러워서 누군가에게 치즈케이크 팩토리를 추천한 적이 있습니까?"

이 질문에 응답자 중 66명이 그렇다고 답했다. 더 인상적인 것은 "식당을 추천해달라는 요청에 치즈케이크 팩토리를 권한 적이 있습니까?"라는 질문에 고객 10명 중 9명이 그렇다고 답했다는 점이다. 추천할 기회가 생기면 거의 모든 치즈케이크 팩토리 고객이 자발적으로 이 회사 홍보에 나서는 셈이다.

치즈케이크 팩토리에서 식사한 사람들이 그 경험을 여기저기에 이야기하는 것은 분명한 사실이다. 그러면 이들은 대화할 때 보편적인 것(가령 "치즈케이크 팩토리는 음식이 맛있어.")을 이야기할까, 아니면 독특한 것을 이야기할까?

이 차이는 아주 중요하다. 입소문의 영향력은 교환하는 정보가 독특한 것일 때 더 커지기 때문이다.

우리에게 컨설팅을 의뢰한 한 고객은 누구나 궁금해할 만한 흥미로운 질문을 했다.

"토크 트리거와 USP^{unique selling proposition}의 차이는 무엇인가요?"

USP는 마케팅에서 흔히 사용하는 약칭으로 '낮은 가격, 높은 품질, 사상 최초의 제품 등 한 제품을 경쟁사 제품과 차별화하는 요인'을 뜻한다. 우리는 그 고객에게 이렇게 답했다.

"USP는 중요 항목으로 표시하며 보통 회의실에서 논의가 이뤄지는 반면 토크 트리거는 스토리로 표현하는 편익으로 흔히 칵테일파티에서 논의하지요."

물론 USP도 중요하지만 문제는 SP*는 흔하고 U**는 드물다는 데 있다. 질 좋은 음식과 좋은 서비스는 판매에 유리한 점이긴 해도 독특한 점은 아니며 이는 입소문을 만들지 못한다.

---

* selling proposition, 판매에 유리한 점.
** unique, 독특한 것.

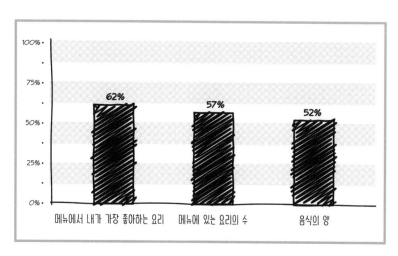

치즈케이크 팩토리 고객이 언급하는 브랜드 특성

치즈케이크 팩토리 고객을 대상으로 한 설문조사에서 우리는 2가지 방식으로 질문을 던졌다.

첫 번째, 우리는 "치즈케이크 팩토리를 추천할 때 보통 언급하는 것은 무엇입니까?"라고 물었다.

고객의 60%는 '음식의 질'을 언급했는데 이것은 우리가 일반 정보, 즉 USP로 분류하는 것이다. 음식의 질은 주의를 끌지 못하며 잊히지 않는 스토리도 아니다. 음식의 질은 그런 범주의 차별화 요소가 아니기 때문이다. 많은 식당이 질 좋은 음식을 제공하므로 스토리 측면에서 음식의 질은 그다지 큰 힘을 발휘하지 못한다.

치즈케이크 팩토리에서 고객이 두 번째로 많이 언급하는 것은 폭넓은 메뉴였다. 고객 10명 중 4명이 이 차별화 요소를 이야기했다고 답했는데 바로 이것이 토크 트리거다!

두 번째, 우리는 고객에게 식당의 특성을 나열한 목록을 주고 이 식당과 관련해 무엇을 이야기했는지 물었다. 이렇게 기억을 상기하게 하는 장치가 생기자 폭넓은 메뉴의 영향력이 더 명확히 드러났다. 목록을 받은 조사 대상의 절반 이상이 다른 사람에게 메뉴의 수(두 번째로 많이 언급한)를 이야기했다고 말했다.

치즈케이크 팩토리 고객은 메뉴의 가짓수를 이야기하면서 브랜드 인식을 높이고 신규고객이 식당에 방문하도록 부추긴다. 이 회사는 고객을 자발적 마케터로 바꿔놓았고 당신도 그렇게 할 수 있다.

구매의 90%를 좌우하는 건 광고가 아닌 입소문

입소문은 기업 성장을 돕는 가장 효과적이고 비용 대비 효율이 높은 방법이다. 그런데 우리는 입소문을 커피 리필이나 록밴드 그룹 U2의 또 다른 앨범처럼 당연한 것으로 받아들인다.

우리가 이 책을 쓰는 목적 중 하나는 이러한 착각을 깨는 데 있다. 소비자일 때 우리는 입소문이 얼마나 효과가 큰지 알고 있고 늘 입소문의 효과를 직접 경험한다. 그러나 일을 할 때는 자신의 제품으로 입소문을 널리 퍼트리는 것에 거의 주의를 기울이지 않는다. 왜 이런 상황이 발생하는 것일까?

　사업가들은 입소문의 힘을 믿지 않는 것일까? 조사한 자료를 보면 그렇게 생각하기 어렵다.

　인게이지먼트 랩스[Engagement Labs]가 2017년 입소문 효과를 연구한 결과에 따르면 미국 내 모든 소비자 구매의 19%는 오프라인이나 온라인의 입소문에 직접 영향을 받았다. 그 경제 효과는 약 10조 달러에 이른다. 소비자가 확실히 인지하거나 깨닫지 못해도(사람들이 샤워를 하며 자기도 모르게 가수 케이티 페리의 노래를 부르듯) 나머지 소비자들 역시 입소문의 간접 영향을 받고 있다.

　입소문은 소비자의 지출에만 영향을 미치는 것이 아니다. 사실 블랑 앤 오투스[Blanc & Otus]와 G2크라우드[G2Crowd]가 진행한 한 연구에서는 B2B의 경우 구매 성격, 높은 평균가격, 제한적인 고객 수 때문에 추천과 소개의 영향력이 훨씬 더 크다는 것이 밝혀졌다.

　지금 입소문은 다음 3가지 이유로 다른 어떤 것보다 효과적이고 중요한 도구로 인정받는다.

1. **관련성이 대단히 높다.** 추천하는 사람이 추천받는 사람의 니즈에 딱 맞게 추천한다. 이만큼 개개인에게 맞춘 마케팅은 없으며 소비자의 개인화 욕구는 점점 커지고 있다.
2. 추천과 소개 덕분에 적절한 결정을 위해 조사할 필요가 없으므로 긍정적인 입소문을 들은 사람은 **시간을 절약할 수 있다.**

3. 입소문을 내는 소비자는 추천한다고 금전적 이득을 취
   하는 것이 아니므로 입소문은 **독립적이다.** 소비자의 이
   러한 독립성은 추천의 신뢰도와 설득력을 높인다. 이 이
   점이 오늘날 입소문을 그토록 중요시하는 이유다. 고객
   은 기본적으로 기업과 조직을 그 어느 때보다 신뢰하지
   않는 반면 지인은 그 어느 때보다 깊이 신뢰한다.

정보분석 기업 닐슨[Nielsen]의 조사에 따르면 미국인의 83%가 친구나
가족의 추천을 신뢰하며 60%는 입소문의 중요한 형태 중 하나인 온
라인 리뷰를 신뢰한다. 반면 PR 컨설팅 회사 에델만[Edelman]의 조사 결
과를 보면 기업을 신뢰하는 사람은 세계 인구의 52%에 불과했고, 특
히 조사 대상인 28개국 중 16개국에서 기업을 신뢰한다고 답한 응답
자가 전체의 절반에도 미치지 못했다.

기업의 규모, 형태, 범주, 역사가 어떻든 고객의 절반은 기업을 신
뢰하지 않는 것이 지금의 현실이다. 비즈니스 전략가 데이비드 호사
저[David Horsager]는 신뢰야말로 "기업의 가장 중요한 자산"이라고 말한다.
그의 말이 옳다. 그런데 신뢰를 전달하는 가장 좋은 수단은 기업이 아
닌 고객이다. 진실보다 신뢰가 중요하지만 우리는 고객의 기업 신뢰
가 고객 간 신뢰의 발끝에도 미치지 못하는 영역에 발을 딛고 있다.

고객은 몇 년 전만 해도 생각하기조차 힘들었던 힘을 발휘하고 있
다. 한때 기업은 소비자의 태도와 구매, 충성도를 일방적으로 좌우할

만한 힘을 보유하고 있었지만 이제 그 능력은 시들어가고 있다. 같은 맥락에서 토크 트리거의 중요성은 더욱 커지고 있다.

최고의 조직은 의도적으로 차별화 요소를 만들어 고객이 기업과 관련 제품 혹은 서비스를 명확하고 직관적이며 믿을 만한 스토리로 이야기하게 하면서 이 변화를 주도하고 있다. 물론 그 스토리는 추천이나 소개 형식으로 전달해 신규고객을 창출한다.

덕 테이프 마케팅Duct Tape Marketing의 창립자 존 잔치John Jantsch는 1,200개 중소기업을 조사한 뒤 그의 책《리퍼럴 엔진The Referral Engine》에 결과를 공개했다. 가령 중소기업 경영주의 63%는 전체 매출의 절반 이상이 추천에서 나온다고 생각했으나 그들 중 80%에게는 소개하거나 전달하는 명확한 체계가 없었다. 잔치는 인터뷰에서 이렇게 말했다.

"오늘날 추천은 대부분 우연히 이뤄지고 있습니다."

존 잔치는 스토리를 만드는 일과 관련해 체계적인 계획서를 작성한 기업이 전체의 1%에도 미치지 못하는 것으로 추정하고 있다. 모든 기업이 입소문에 관심을 보이지만 이를 위해 계획을 세운 기업은 1%도 안 된다는 얘기다. 우리가《토크 트리거》를 쓴 이유가 바로 여기에 있다.

사실 많은 책이 입소문과 그 가치를 다루고 있다. 우리는 이 책의 곳곳에 그들이 논의하는 여러 가지 내용과 연구, 결론을 인용했다. 그러나 우리가《토크 트리거》를 쓴 목적은 명료하고 직접적이며 이해하기 쉬우면서도 실현 가능한 시스템으로 입소문의 비범한 힘을 활용하도록 더 많은 구조와 발판을 제공하는 데 있다. 우리는 왜 토크 트리거가 꼭 필요한지 이야기하는 데 그치지 않고 토크 트리거로 실제 성과를 내도록 만드는 방법까지 설명하기 위해 노력했다.

무엇보다 우리는 우리의 연구, 다른 작가와 학자들의 수십 가지 발견, 수백 개 기업 그리고 수십 개 〈포천〉 500대 기업의 마케팅 컨설턴트로 지낸 우리의 45년이 넘는 경력을 기반으로 모든 기업에 적용 가능한 입소문을 만드는 방법, 즉 토크 트리거 체계를 개발했다.

우리는 이 책에서 그 체계를 네 파트에 걸쳐 공개한다.

파트 1에서는 입소문의 중요성과 경제 효과를 논의하고 압도적인 다수 조직이 입소문에 방임적 접근법을 취하는 이유를 검토한다.

파트 2에서는 운영상의 차별화 요소가 지속적인 대화 촉매제로 기능하기 위해 충족해야 하는 4가지 기준을 실례를 들어 설명한다.

파트 3에서는 고객을 자발적인 마케터로 만드는 5가지 유형의 토크 트리거를 개발하고 최적화하는 방법을 공개한다.

마지막 파트 4에서는 조직 내에서 토크 트리거를 찾아 분석, 시험, 측정, 운영하는 포괄적인 6단계 과정을 살펴본다.

'부록'에는 주요 연구, 주제, 강의를 요약한 빠른 참조 가이드가 있다. 이 가이드는 우리의 베스트셀러 《소셜 마케팅 불변의 법칙, 유용성》, 《안티를 포용하라》, 《매니퓨레이티드Manipurated》와 함께 독자들에게 큰 인기를 모았다. 이것이 당신의 마음에도 들기를, 또한 당신이 《토크 트리거》를 한 번 읽은 후 다시 참조하려 할 때 시간을 절약해주는 도구가 되길 바란다.

　동영상, 인쇄물, 프레젠테이션 견본, 워크시트를 비롯한 부가 자료 역시 토크 트리거를 만들고 그것을 실행하는 데 도움을 줄 것이다. 그러므로 책을 계속 읽기 전에 10초만 투자해 우리 홈페이지(TalkTriggers.com)에 들어가보라. 그곳에서 우리가 만든 유용한 보너스 자료를 접해보길 권한다. 웹사이트를 방문하면 우리의 토크 트리거 중 하나를 발견할 수도 있다.

어떤 이야기가
입소문의 방아쇠를 당기는가

우리는 입소문이 대단히 중요하고 비즈니스 성장을 강력하게 촉진한다고 믿는다. 그러나 이것은 아직 논의도, 활용도 불충분하다. 어쩌면 입소문 마케팅은 비즈니스계의 케일일지도 모른다. 케일이 몸에 좋다는 것은 누구나 알지만 사람들은 대부분 케일을 피하거나 못 본 척한다.

입소문의 중요성과 그것을 구현하는 전략 사이에 이처럼 커다란 격차가 발생하는 것은 입소문이 그 성격상 다른 광고나 마케팅 방식과 달리 확인하고 이해하기 힘들어서가 아닐까? 이는 우리가 영화배우 마일리 사이러스에게 보이는 호감과 비슷하다. 호감은 가지만 그것을 딱히 무엇이라 설명할 길은 없다.

이 질문을《컨테이저스: 전략적 입소문》을 쓴 조나 버거에게 던지자 그는 순식간에 사라지는 입소문의 속성 때문에 마케터와 경영자가 그 인과관계를 밝히기 어렵다는 점에 동의했다.

"사람들은 유료로 미디어를 확보하는 방법은 잘 알고 있습니다. '여기 돈이 있다. 나는 이 돈을 유료 미디어가 제공하는 다양한 느낌과 맞바꾸겠다.'라는 식이죠. 반면 입소문을 사는 것은 어려운 일입니다. 입소문은 돈과 교환할 수 있는 게 아니기 때문입니다. 입소문은 만들고 조장하고 추진할 수는 있지만 살 수는 없습니다. 이러한 통제력 결여로 일부 기업과 조직은 입소문 내는 걸 아주 어려운 일로 여깁니다."

더욱이 비즈니스계 일각에서는 입소문이나 소비자 인식과 기호에 영향을 주는 소셜미디어가 입소문을 대체한다고 믿는다. 그렇지 않고 그런 적도 없다. 소셜미디어는 단지 전체 입소문을 구성하는 중요한 요소 중 하나일 뿐이다. 실제로 인게이지먼트 랩스의 최신 연구에 따르면 오프라인과 온라인 대화의 규모는 거의 동일하다. 즉, 오늘날 온라인과 오프라인 입소문은 배경만 다를 뿐 거의 똑같은 경제적 영향력을 발휘한다. 인게이지먼트 랩스의 CEO이자《face to facebook: 소셜네트워크 페이스북으로 리드하라!》의 저자인 에드 켈러는 이렇게 말했다.

"브랜드 마케터에게 소셜미디어의 역할은 부정할 수 없는 현실이며 그것이 중요한 경로임을 이해하는 일은 필수입니다. 그런데 흥미롭게도 그것이 오프라인 입소문의 가치를 떨어뜨리지는 못합니다."

켈러는 사람들이 소셜미디어에서 어떤 브랜드 이야기를 하게 만드는 직접적인 원인이 오프라인 입소문 원리와는 다르다고 말한다.

"소셜미디어는 주로 사회적 신호를 보내고 싶어 하는 사람들의 욕구에서 동력을 공급받습니다. 소셜미디어에 어떤 것을 포스팅하는 것은 '나'를 표현하는 일이죠."

당신도 어떤 행동을 할 때 이 점을 감지하고 있지 않은가. 예를 들어 근사한 공연을 보고 오면 소셜미디어에 재빨리 동영상을 포스팅하지만 집 근처 볼링장이나 카지노에서 본 진부한 1970년대 록밴드의 재결합 공연은 잊고 지나친다. 소셜미디어에서 우리는 박물관 전시를 꾸리듯 기획과 구상 단계를 거쳐 삶을 조정한다. 반면 오프라인에서는 브랜드 경험과 관련해 진짜 자기 감정과 모습을 보여준다.

얼굴을 맞대고 하는 대화는 전달 범위가 좁아 입소문의 영향력이 제한적인 것처럼 보일 수 있다. 정말 그럴까? 실제로 대화의 설득력은 사적으로 이뤄진다는 특성을 극복하고도 남는다. 연구자는 대부분 오프라인 입소문이 온라인상의 유사 입소문보다 더 설득력이 있다는 결론을 내리고 있다. 켈러 페이 그룹Keller Fay Group의 연구에 따르면 소비자의 58%는 직접 나눈 대화에서 얻은 정보를 더 신뢰하고 50%는 그 대화 결과가 구매로 이어질 가능성이 매우 높다고 한다.

물론 온라인 소셜미디어가 영향력이 더 강한 입소문으로 작용하는 경우도 있다. 그 대표적인 사례가 휴가지를 예약할 때다.

성공적이고 잊히지 않는 입소문 추천이 릴레이경주의 배턴처럼 다음 사람에게 차례로 전달된다는 것은 굳이 언급할 필요조차 없다. 《인플루언서 마케팅》의 저자 테드 라이트는 이렇게 말한다.

"영향력 있는 사람이 시작한 입소문은 매년 8의 계승(8!=8×7×6× 5×4×3×2×1) 속도로 전파됩니다. 매년 4만 320명에게 전달된다는 얘기죠."

엄청난 규모의 메뉴와 함께한 한 끼 식사는 다른 잠재고객 4만 319명의 브랜드 인식에 영향을 줄 수 있다!

경영컨설팅 기업 맥킨지McKinsey는 자체 연구를 진행해 다음과 같은 결론을 내렸다.

"일반적으로 구성원 간에 믿음이 있는 긴밀한 네트워크 내에서 전달되는 메시지는 분산된 공동체가 유포하는 메시지에 비해 도달 범위는 좁아도 영향력은 훨씬 크다. 보통 의견을 신뢰하는 사람들과 서로의 가치를 높게 평가하는 네트워크 구성원 사이에는 높은 상관관계가 있기 때문이다. 따라서 오프라인 추천과 온라인 추천 모두 중요하다. 페이스북 친구가 300명이 있어도 그중 290명의 조언은 무시당한다. 진정 영향력을 발휘하는 것은 서로 신뢰하는 친구들끼리 긴밀하게 연결된 작은 규모의 네트워크다."

소셜미디어 입소문은 고객의 대화가 발휘하는 전체 영향력의 절반에 불과하다. 그런데도 기업들은 소셜미디어 프로그램에 매년 수백만 달러를 퍼붓고 있으며 거의 모든 기업이 적어도 하나의 소셜미디어 전략을 세워두고 있다.

미국만 해도 소셜미디어 광고에 쓰는 지출이 2012년 43억 달러였
고 2019년에는 236억 달러에 달했다. 더구나 이 지출은 기업 내에서
소셜미디어 부분을 담당하는 직원들의 인건비 수십억 달러, 소프트
웨어 사용료나 일상에서 소셜미디어 전략을 실행하는 데 필요한 운
영경비 수십억 달러를 포함하지 않은 액수다.

입소문 마케팅 협회^{Work Of Mouth Marketing Association, WOMMA} 공동설립자이자《고
객을 떠들게 하라》를 쓴 앤디 서노비츠는 소셜미디어 소음으로 입소
문을 대체하지 말라고 경고한다.

"소셜미디어는 엄청난 속도를 자랑하지만 하나의 도구에 불과합

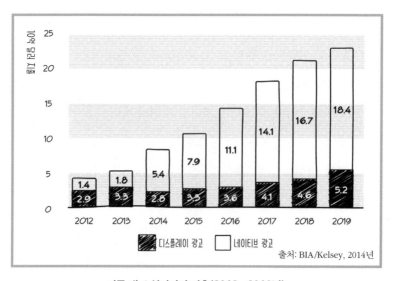

미국 내 소셜미디어 지출(2012~2019년)

니다. 입소문은 어렵습니다. 좋은 평판을 얻거나, 추천 대상이 되거나, 사람들이 깊이 있는 아이디어를 내놓게 하려면 입에 올릴 만한 경험을 제공하는 진짜 좋은 기업이 되어야 합니다."

소셜미디어 대화는 왜 입소문의 한 부분에 불과한 것일까? 소셜미디어에서는 고객들이 나누는 대화 내용이 확연히 드러나 알아보기가 쉽다. 즉, 본래 속성이 공개적이라 소셜미디어 속에서 만들어지는 입소문은 곧바로 드러난다. 반면 오프라인 입소문을 확인하려면 우리가 치즈케이크 팩토리나 다른 브랜드를 대상으로 수행한 것처럼 특별한 연구가 필요하다.

온라인 대화는 공개적이라 우리는 입소문이 만들어낸 성과를 보여주기 위해 이 책 전반에 걸쳐 기업과 조직에 관련된 온라인 대화를 사용했다.

그중 하나가 더블트리 바이 힐튼^{DoubleTree by Hilton} 호텔이다. 더블트리는 단순하지만 엄청나게 효과가 있는 차별화 요소를 기반으로 온라인과 오프라인에서 수십 년 동안 대화를 유발해왔다.

'환대'를 상징하는 더블트리 호텔의 따뜻한 초콜릿칩 쿠키

세계 어디에 있는 식당이든 치즈케이크 팩토리를 모방해 5,940단어에 달하는 다양한 메뉴를 만들 수 있다. 물론 이 차별화 요소가 야기하는 공급망, 물류, 교육 같은 심각한 문제를 감당할 수 있어야 하겠지만 말이다. 실제로 이런 부담을 감당하려는 기업은 없다.

호텔업도 마찬가지다. 전 세계에 수십, 수백 개 호텔 체인이 있지만 토크 트리거가 있는 곳은 드물다. 그러나 1986년 토크 트리거를 시작한 더블트리 바이 힐튼은 예외다. 무엇인지 짐작이 가는가?

기다릴 테니 천천히 생각해보라.

그렇다. 더블트리의 토크 트리거는 바로 초콜릿칩 쿠키다. 이 호텔은 30년 이상 손님에게 갓 구운 초콜릿칩 쿠키를 제공해왔다. 매일 저녁 직원들이 직접 건네준 이 따뜻한 쿠키는 처음에 턴다운 서비스* 정도로 여겨졌다.

1995년 이 쿠키 서비스는 손님이 호텔에 체크인할 때 제공하는 것으로 바뀌었고 지금까지 변함없이 이어지고 있다. 현재 전 세계 500여 곳에 달하는 이 브랜드 호텔에서 매일 제공하는 쿠키는 7만 5,000개에 이른다. 미국에서는 테네시 내슈빌의 크리스티 쿠키 컴퍼니^{Christie} ^{Cookie Company}가 1996년부터 반죽과 레시피를 독점 공급하고 있다. 그때

---

* turndown service, 늦은 오후에 아침 청소 이후 지저분해진 방을 정돈하고 초콜릿 등을 제공하는 호텔 서비스.

부터 더블트리의 각 호텔은 매일 쿠키를 구웠고 모두 3억 8,400만 개의 쿠키를 손님에게 증정했다.

고객이 일관성 있게 쿠키를 받는 경험은 이 브랜드에 대단히 중요한 일이다. 레시피는 전 세계에서 동일한 것을 사용하며 미국 어디에서나 쿠키를 일정하게 굽는다. 이 쿠키를 맛보고 싶지만 호텔 투숙에는 관심이 없는 미국인은 쿠키를 파는 웹사이트(www.doubletreecookies.com)에서 구입해 배송받을 수 있다. 이 브랜드는 원하는 사람이 직접 쿠키를 구워 먹을 수 있도록 반죽도 판매한다.

이 호텔은 체크인할 때뿐 아니라 쿠키를 다른 방식으로도 활용해 토크 트리거를 유도한다. 예를 들어 더블트리 레스토랑의 많은 요리사가 쿠키를 이용해 다양한 요리를 만들어낸다.

힐튼의 글로벌 브랜드 부문 부사장 스튜어트 포스터가 강조하듯 이 쿠키는 더블트리에 더없이 중요하다.

"우리는 이 쿠키를 손님을 환대한다는 의미를 담은 상징물로 봅니다. 다른 브랜드에 없는 강력한 상징물이죠. 쿠키는 손님이 받을 일련의 환대 중 가장 처음 제공하는 상징물입니다. 사람들에게 커다란 반향을 불러일으키는 상징물을 보유한 것은 우리에게 큰 행운이죠. 이 쿠키에는 추종자까지 있어요."

그는 고객만 쿠키를 추종하는 것은 아니라고 말한다.

"손님들만 쿠키를 좋아하는 것은 아닙니다. 직원들도 쿠키의 엄청난 지지자입니다."

쿠키가 이 브랜드 안팎에서 관심과 열의의 중심에 있는 것만은 분명하다. 그러면 이 쿠키는 토크 트리거 기능과 입소문의 근원 역할을 잘 해내고 있을까? 물론이다. 그것도 아주 잘 해내고 있다.

우리는 다시 한 번 오디언스 오딧과 함께 이전 3개월 내에 더블트리 호텔에 묵은 손님을 대상으로 치즈케이크 팩토리 때와 동일한 설문조사를 실시했다.

그 결과를 보면 10명 중 거의 7명이 호텔에서 묵은 경험에 만족한다는 이유만으로 더블트리 호텔을 다른 사람에게 추천했다. 이전 3개월 내에 더블트리 호텔에 묵은 손님의 약 90%는 호텔 관련 질문을 받았을 때 이 브랜드를 언급했다고 말했다.

더블트리 고객은 체크인할 때 무료로 제공받는 따뜻한 초콜릿칩 쿠키(토크 트리거)를 자주 입에 올린다. 고객의 3분의 1 이상이 다른 사람에게 이 쿠키를 언급했다고 말했다. 쿠키는 사람들이 '서비스', '청결'에 이어 세 번째로 많이 언급한 차별화 요소였다.

'음식의 질'을 가장 많이 언급한 치즈케이크 팩토리 고객과 마찬가지로 서비스와 청결은 좋은 경험을 나타내는 지표지만 극히 예외적인 상황과 함께하지 않는 한 스토리에서 차지하는 비중은 그저 그런 정도다. 깨끗한 호텔은 무수히 많고 청결은 USP이긴 해도 토크 트리거는 아니다.

호텔의 특성을 나열한 목록을 제공하자 더블트리 고객의 약 70%는 초콜릿칩 쿠키를 이야기했다고 말했다. 이것은 친근한 직원(손님을 환

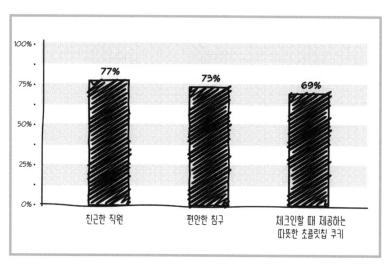

더블트리 바이 힐튼 호텔 앤 리조트 고객이 가장 많이 언급한 브랜드 특성

대하는 접근법에서 쿠키와 비슷한 역할을 하는)과 편안한 침구에 이어 3위를 차지했다.

호텔 잠자리가 좋은 화젯거리라는 것은 익히 알려진 사실이다. 현재 의미 있는 토크 트리거를 보유한 대형 호텔(이후 다룰 부티크 호텔 그 레듀에이트 호텔Graduate Hotel에도 좋은 토크 트리거가 있다)은 더블트리뿐이지만 다른 호텔도 토크 트리거를 만들려는 시도를 하고 있다. 스토리나 아이디어를 충분히 가공하지 못하고 있긴 하지만 말이다.

예를 들어 웨스틴 호텔Westin Hotels은 여러 해 동안 헤븐리 베드Heavenly Bed 라는 자사 침대를 강조하면서 더 나은 수면 경험을 약속했다. 그런데 안타깝게도 다수의 호텔이 슬립테크*에 막대하게 투자하면서 이 트리거를 방어하는 것이 불가능해졌다. 더 이상 차별화 요소가 아닌 이 토크 트리거는 경쟁력을 잃고 음식의 질이나 서비스처럼 일반적인 장점으로 전락했다. 중요치 않은 것은 아니지만 잊히지 않거나 입에서 입으로 전해질 만큼 강력하지도 않은 처지가 되어버린 것이다.

더블트리는 일반 속성과 특별한 속성 사이에 존재하는 차이까지 알고 있다. 쿠키는 언급한 빈도만 보면 3위를 차지했으나 대단히 강력한 관심과 열의를 불러일으킨다. 포스터는 이렇게 말했다.

"우리 소셜미디어 채널에서는 쿠키와 함께한 포스팅이 다른 어떤

------

* sleep technology, 수면 관련 기술을 일컫는 신조어.

것보다 좋은 성과를 냅니다. 사람들은 쿠키를 정말 좋아하죠."

쿠키를 생각나게 하는 간단한 트위터 포스팅은 6,000개 이상의 '좋아요'를 이끌어냈고 약 700회나 리트윗이 일어났다.

고객인 베카 호킨스 비티는 다음 트윗으로 이 쿠키를 향한 관심을 유발했다.

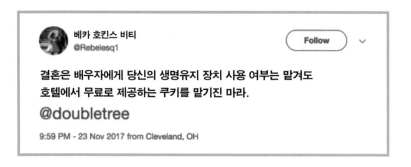

온라인과 오프라인에서 지지 표현이 늘어나면 결국 신규고객이 유입된다. 잘 만든 토크 트리거는 고객을 늘린다. 우리는 토크 트리거를 설명하는 프레젠테이션을 할 때마다 이 초콜릿칩 쿠키 사진을 보여준다. 어떤 기업이 이 쿠키를 차별화 요소로 이용하고 있는지 물어보면 청중 모두가 대답할 정도다. 이 쿠키를 모르는 사람은 없다!

더블트리 연구 참여자들에게 브랜드와 관련해 기억나는 것을 말해보라고 하자 다음과 유사한 대답이 수십 개나 나왔다.

"우선 그 호텔에서는 따뜻하고 맛있는 쿠키를 줍니다. 그 호텔에 머물 때마다 변함없이 맛있는 쿠키를 먹을 수 있죠."

토크 트리거를 효율적으로 사용하는 기업은 경쟁우위를 얻는다. 고객 사이의 대화가 확실히 신뢰를 받고 영향력도 큰 오늘날 우리가 진짜 자문해봐야 할 것은 바로 이것이다.

"전략도 목적도 없이 계속 살아남을 수 있을까?"

어쩌면 지금껏 입소문을 뜻밖의 행운 정도로 여겨왔을지도 모른다. 이제부터라도 확실한 목적 아래 토크 트리거를 만든 다음 이것을 이용해 전략적으로 입소문을 만들어내야 한다. 무작위로 얻어걸려 만들어진 입소문이 아니라 입소문 마케팅을 해야 한다는 의미다.

우리는 차별화 요소가 대화를 어떻게 촉발하는지 그 사례를 이미 보여주었다. 하지만 대다수 기업이 기억에 남을 만한 어떤 색다른 것을 실행하기보다 선두기업이나 다른 기업에서 효과를 본 것을 모방하는 데 그치고 만다. 모방은 리스크가 작지만 보상 역시 적다. 이제 왜 사람들이 "똑같은 것은 지루하다."라고 말하는지 알아보자.

똑같은 것은
지루하다

치즈케이크 팩토리와 더블트리 호텔을 대상으로 한 우리의 연구 결과가 보여주듯 대화는 음식의 질이나 호텔 방의 청결 같은 핵심 속성을 중심으로 이뤄진다. 그러나 차별화 요소가 첫 번째 대화를 넘어 '계속 퍼지려면' 더 흥미롭고 예상치 못한 뜻밖의 것이어야 한다. 여기에다 스토리가 될 만한 가치가 있어야 한다. 즉, 정보 가치가 있고 듣는 사람의 호기심을 자극하는 것이라서 그것을 얻기 위해 시간을 내고 싶어야 한다. 우리는 당신이 어떤 사람인지 모르지만 당신이 어떤 일을 해본 적 없는지는 확실히 알고 있다. 아마 친구나 낯선 사람에게 "내가 최근에 완벽한 경험을 했는데 그걸 얘기해줄게!"라고 말해본 적은 없을 것이다.

최고의 스토리, 즉 주목하지 않을 수 없는 역동적인 토크 트리거는 비즈니스를 차별화한다. 점진적으로 고객서비스를 업그레이드하거나 가격 인하로는 불가능한 방식으로 말이다.

광고는 "언급할 만한 것이 없는 평범한 기업들이 내는 세금"이라는 말이 있다. 토크 트리거는 치즈케이크 팩토리, 더블트리 바이 힐튼 그리고 이 책의 다른 많은 사례가 보여주듯 그 세금을 내지 않게 해준다. 물론 업계 선두주자만 보면 그 세금을 내는 것이 성공의 길이라 여겨질 수도 있다. 우리는 그런 생각에 동의하지 않는다. 당신이 업계 리더가 점유한 시장을 잠식하려는 도전자 입장이라면 더욱더 그렇다. 토크 트리거 없이 그런 시도를 하는 것은 발목에 볼링공을 묶고 장대높이뛰기를 하려는 것과 같다. 엄밀히 말해 불가능하지는 않지만 불필요한 어려움까지 끌어안는 짓이다.

대화를 유도하는 가장 좋은 방법은 특이한 SP를 보유하는 것이다. 똑같은 것은 지루하다. 우리는 생리적으로 특이하고 독특한 것을 이야기하고 평범한 것은 무시하도록 만들어졌다. 세스 고딘은 이를 '퍼플 카우 효과'라고 부른다. 이것은 실제 효과가 있는 토크 트리거를 만드는 열쇠로 당신의 비즈니스 스토리는 이것을 지지하는 한 고객에게서 수천 명의 잠재고객에게로 퍼져간다.

가수 데이비드 보위가 젊은 시절 화성에서 온 외계인 '지기 스타더스트 Ziggy Stardust'라는 요란하고 극단적인 페르소나를 택한 이유는 무엇일까? 그가 그냥 이상한 사람이었을 수도 있다. 아니면 토크 트리거가 필요했고 대화를 자극하려면 기존의 것에 저항할 필요가 있음을 알았다고 볼 수도 있다. 대중문화 잡지 〈롤링스톤〉은 '지기'의 탄생을 다룬 한 기사에서 "보위가 앨리스 쿠퍼처럼 극단적인 치장과 충격 요소를 찾고 있었다."라고 이야기했다.

이것은 소비자가 직관적으로 이해할 수 있는 이야기지만 비즈니스에서는 차이를 만드는 데 그리 주의를 기울이지 않는다. 실은 차이점을 만드는 데 기울이는 관심이 그 어느 때보다 낮다. 오히려 거의 모든 기업이 기억에 남을 만한 차별화 요소를 제거하고 있다. 당신도 직접 경험하고 있겠지만 대다수 기업이 입소문을 충분히 활용하지 못하고 있다. 이는 스토리가 충분치 않아 고객에게 대화 원료를 제대로 제공하지 못하기 때문이다.

차별점이 없다는 사실은 수익에 엄청난 압박을 가한다. 의미 있는 차별화 요소를 만드는 데 실패할 경우 '늘어나는 광고 지출'이라는 세금을 내야 할 뿐 아니라 고객에게 제공하는 상품에 높은 가치를 부여하는 것이 훨씬 더 어려워진다.

당신의 제품이 이야깃거리로 부상하지 못할 때 유일한 비교 기준은 가격이다. 미국 최고의 강연가이자 컨설턴트인 스콧 매케인Scott McKain은 《차별점을 만들다Create Distinction》에서 이렇게 말했다.

"고객은 언제나 구분할 요소를 찾는다. 만약 고객에게 매력적인 방식으로 차별점을 보여주지 못하면 고객은 당신이 볼 때 최악인 차별화 요소를 선택한다. 그것은 바로 가격이다."

여기에 덧붙여 그는 "조직의 지속적인 성장과 수익을 위해서는 동일성의 바다에서 차별화하고, 눈에 띄고, 주목받아야 한다."라고 말했다.

오늘날 비즈니스 지식은 모든 측면에서 고객 경험 향상에 초점이 맞춰져 있다. 이는 현명하고 훌륭한 일이다. 질 낮은 고객 경험과 서비스는 브랜드 충성도와 고객 감소로 이어지기 때문이다. 그런데 다른 한편으로 고객 경험 향상에만 초점을 맞추면 차별화한 토크 트리거를 만들고 전파하는 일이 더 힘들어진다. 고객 경험 향상의 핵심은 더 나아지는 것이지 달라지는 것이 아니라서 그렇다. 작가이자 동기부여 강사인 샐리 호그셰드Sally Hogshead의 말대로 입소문에 관한 한 '다른 것'이 나은 것보다 낫다. 고객 경험을 향상시키려 노력하는 것이 토크 트리거 개발을 정말 방해할까? 비즈니스 리더의 95%가 우수한 고객서비스를 제공하는 게 전략적 우선순위의 최상단에 있다고 말하는 것을 고려하면 크게 방해하는 것이 분명하다. 리더의 4분의 3은 고객 경험을 경쟁우위로 사용하려 한다.

바로 여기에 문제가 있다. 그들은 개선한 고객 경험이 경쟁우위가 아니라는 점을 인식하지 못하고 있다. 모든 식당이 질 좋은 음식을 제공하면 당신은 어떤 부분에서 우위에 설 수 있을까? 모두가 좋은 서비스를 제공할 경우 당신의 서비스는 잠재고객에게 결정적 요소로 작용할 만큼 확연히 좋을까? 그렇지 않다.

사람들은 만족과 놀라움을 동시에 원하므로 이걸 제공해야 한다.

더블트리 바이 힐튼은 매일 그 일을 해낸다. 그들은 상품도 훌륭하고 모든 사람에게 쿠키까지 제공한다. 질 좋은 고객 경험과 토크 트리거는 양자택일 문제가 아니다. 우선 좋은 고객 경험을 제공해 고객이 불만을 느껴 돌아서는 일을 없애야 한다. 그 뒤 적절한 운영체계를 갖추면서 대화를 촉진하는 토크 트리거를 만드는 데 전력을 다해야 한다.

아직은 토크 트리거가 있으면 좋은 것, 즉 운영과 마케팅 접근법에 추가할 경우 좀 더 많은 고객을 확보하는 데 도움을 주는 사항 정도로 보일지도 모른다. 사실 토크 트리거는 그보다 훨씬 더 중요하다. 의미 있는 차별화 요소는 기업 전체의 성패를 좌우할 수도 있다.

치즈케이크 팩토리에서는 음식을 먹는 모험이 중요한데 이 회사의 엄청난 메뉴는 그 속성을 증폭한다. 더블트리 바이 힐튼에서는 따뜻한 환대가 중요하며 체크인할 때 제공하는 쿠키는 그 속성을 확장한다.

토크 트리거가 효과를 내는 것은 고객이 토크 트리거를 기대와 다른 것으로 받아들이기 때문이다. 물론 최고의 토크 트리거라면 얘기가 좀 달라진다. 최고의 토크 트리거가 효과를 내는 것은 그것이 당신 조직의 정수라서 그렇다. 토크 트리거는 마케팅이 아니다. 토크 트리거는 계책도, 캠페인도, 구호도 아니다. 토크 트리거는 바로 당신이다. 토크 트리거가 마케팅에 혜택을 주는 것은 사실이지만 마케팅상의 그 이점은 공허한 구호에서 나온 결과가 아니다.

엠마뉴엘 로젠이 《버즈: 입소문으로 팔아라》에서 표현했듯 "최고의 버즈는 영리한 홍보나 광고가 아니라 제품과 서비스 자체에 내재된 속성에서 비롯된다."

한데 현실에서 우리는 대부분 차별점을 만드는 일을 시도했다가 실패하면 공감을 자아내지 못하는 USP와 점진적 발전으로 되돌아간다. 그러지 마시라. 힘들긴 해도 대화를 촉발할 만큼 예상치 못한 것이 충분히 들어 있는 토크 트리거를 반드시 만들어야 한다.

이게 어려운 일이라는 것은 우리도 잘 안다. 어려운 일이 아니라면 굳이 이 책을 쓸(그리고 읽을) 이유가 어디 있겠는가?

차별점을 만드는 일에 주의를 기울이지 않는 것도 문제지만, 대다수 기업이 저절로 입소문이 만들어진다고 믿으며 그에 만족하는 것도 문제다. 무작위로 일어난 그 입소문이 계속 유지되길 기대하면서 말이다. 이 책에 소개한 기업들은 그와 정반대 접근법을 취한다. 그들은 계획과 목적을 가지고 입소문에 의도적으로 관여한다.

이것이 입소문과 입소문 마케팅의 차이다. 테드 라이트는 "입소문은 그저 말에 불과합니다. 입소문 마케팅은 말을 조직하고 특별한 방식으로 말을 이끌어내는 것입니다. 의도적인 일이죠."라고 말했다.

이 책에서 우리는 최고의 조직들을 다룬다. 가장 효과적인 토크 트리거, 즉 고객이 "내게 어떤 일이 일어났는지 정말 믿기 힘들 거야."라고 말하며 입소문을 내게끔 만드는 조직 말이다. 이들은 똑같은 것은 지루하다는 점을 굳게 믿는다. 그들에게 차별점은 문화의 일부이

며 '다름'을 리스크로 생각하지 않는다. 그것은 그들이 누구고 어떤
사람인지 잘 보여준다.

그 대표적인 경우가 윈저원^{WindsorONE}이다.

무료 티셔츠로 3,000달러 영업 효과를 낸 목재 회사

샐리 호그셰드는 이렇게 말한다.

"매력이라고는 조금도 없어 보이는 범주에 속한 브랜드에도 엄청
나게 매력을 드러낼 방법은 있다. 이는 상대적으로 기준이 대단히 낮
아 가능한 일이다."

가족이 경영하는 목재 회사 제품 윈저원은 호그셰드의 말이 정확하
다는 것을 입증해준다. 캘리포니아 페탈루마에 위치한 이 회사는 전
략적이고 효과적인 입소문 마케팅 프로그램을 갖추고 있다. 이 프로
그램은 우리가 지금껏 접한 것 중 가장 포괄적인 B2B 입소문 사례다.

말이 나온 김에 효과적인 입소문 마케팅, 토크 트리거 아이디어,
기업 사례를 안다면 언제든 메일(JayAndDaniel@TalkTriggers.com)을 보
내주기 바란다. 우리는 새로운 스토리에 목말라하고 있다.

1972년 창립한 윈저 밀^{Windsor Mill}은 주택과 상업용 건물에 쓰이는 고
급 트림보드를 제조한다. 윈저 밀의 제품라인 윈저원의 목표고객은

품질이 뛰어난 물건에 기꺼이 프리미엄을 지불하려 하는 목수다.

치즈케이크 팩토리가 질 좋은 음식을, 더블트리 바이 힐튼이 안락한 침구를 제공하는 것과 마찬가지로 원저원은 품질이 뛰어난 목재 트림을 만든다. 아마 구할 수 있는 목재 트림 중 최고일 것이다. 하지만 '아주 좋은 것' 심지어 '최고의 것'이라도 그것만으로 이야깃거리가 되는 것은 아니다. 그것은 스토리가 아니며 그저 안내책자에 주요 항목으로 등장하는 속성일 뿐이다. 이것은 고객충성도는 높일 수 있어도 대화를 불러일으키지는 못한다.

이 회사는 특히 경쟁이 심한 상황에서 원저원에 관한 입소문에 동력을 공급하려면 품질 이상의 것이 필요하다는 점을 알고 있었다. 이 회사의 마케팅 부문 이사 브라이언 번트는 이렇게 설명한다.

"2007년과 2008년 주택시장이 완전히 가라앉았습니다. 우리는 어떻게 마케팅을 해야 할지 확신하지 못하고 있었죠. 더욱이 값비싼 광고를 하거나 홍보 간행물을 만들 만큼 금전적 여유도 없었습니다. 혼란 그 자체였어요. 그러던 중 앤디 서노비츠의 입소문 마케팅 강좌를 듣고 몇 가지 아이디어를 떠올렸지요."

처음 기획한 것 중 하나는 고객이 회사에 전화를 걸어 무료 티셔츠를 받게 하는 것이었다. 원저원은 오랫동안 각 보드의 뒷면에 잉크로 제조일자와 '절단면에 밑칠을 하시오.'라는 메시지를 찍어왔다. 번트와 그의 팀은 여기에 '커트에게 전화해 티셔츠를 받으세요.'라는 메시지와 수신자 부담 전화번호를 추가했다.

커트 윌리엄스는 회사의 영업 담당자로 킬트*를 유난히 좋아하는 것으로 유명했다. 50%는 영업사원, 25%는 고객 대변인, 25%는 회사의 마스코트 역할을 하고 있는 그는 티셔츠 토크 트리거의 선두 척후병으로 완벽한 인물이었다.

고객은 무료 티셔츠를 받기 위해 보드 뒷면에 있는 전화번호를 보고 커트에게 전화를 걸었다. 그들과 통화하며 배송 주소를 받고 티셔츠 사이즈를 결정하는 동안 커트는 신제품 이야기도 나누었다. 그 결과 특수 트림보드 주문이 엄청나게 늘어났는데 그 제품들은 많은 고객이 원저원 라인에 있는지조차 모르던 것이었다. 번트는 인터뷰에서 이렇게 말했다.

"우리는 팀 전체에 티셔츠를 보급할 예정입니다. 그 목적은 건설업자들이 원저원을 구매하는 실제 적재장에서 판매 수요를 창출하는데 있지요. 커트는 그들이 구매하는 적재장이 어디인지 알아내고 그들이 곧 맡을 일과 필요로 할 제품이 무엇인지도 알아낼 것입니다."

이 프로그램의 가장 큰 장점은 건축업자들이 무료 티셔츠 이벤트를 발견하고 친구와 동료에게 이를 전하면서 저절로 유지된다는 점이다. 커트는 전화를 건 사람들에게 사진을 찍어 원저원으로 보내달라고 부탁했는데 건축업자는 대부분 티셔츠를 배송받은 뒤 작업 현장에서 사진을 찍었다. 번트 팀은 그 사진을 회사 블로그인 백 오브

---

* kilt, 스코틀랜드 남자들이 전통적으로 입던 격자무늬 치마.

더 보드^{Back of the Board}에 올렸고 블로그 방문자는 일주일마다 1만 명 이상씩 급증했다.

원저원 목재의 CEO 크레이그 플린은 이 프로그램이 어떻게 돈을 벌게 해주는 동시에 돈을 절약하게 해주는지 설명한다.

"우리는 광고에 2,000~3,000달러를 쓰는 대신 사람들이 먼저 전화를 걸게 했습니다. 고객이 전화를 걸어 티셔츠를 받으면 우리는 '그런데 우리가 X제품을 만든다는 것을 아십니까? Y제품도, Z제품도 있습니다.'라고 말하죠. 또 고객은 친구에게 '커트라는 친구가 있거든. 이 전화번호로 원저원에 전화하면 티셔츠를 받을 수 있어.'라고 말합니다."

플린은 건축업자들이 처음에 이를 장난으로 알았다고 말했다.

"그럴 만도 하죠. 어떤 회사가 이런 일을 하겠습니까?"

원저원은 잠재고객 규모 자체가 크지 않다. 미국에는 목공기사가 많지만 원저원 같은 고급 트림보드를 사용하는 사람은 많지 않다. 그럼에도 불구하고 2009년 '커트에게 전화해 티셔츠를 받으세요.'라는 토크 트리거를 시작한 뒤 적재장 관리인을 표적으로 하는 입소문 마케팅 효과를 실험하기 위해 2015년 잠시 중단할 때까지 1만 8,752통의 전화가 걸려왔다. 지금은 이 프로그램을 다시 실행하고 있다.

고객이 이용한 티셔츠는 몇 장이나 될까? 무역박람회와 '커트에게 전화해 티셔츠를 받으세요.' 프로그램으로 배포한 티셔츠는 무려 15만 장이 넘는다. 플린은 다음과 같이 설명했다.

"이것은 아주 저렴한 마케팅입니다. 보드 뒷면에 글씨를 좀 더 넣은 것뿐이니까요. 광고에 2,500달러를 써서 40건의 응답을 받는 것과 전화를 받은 뒤 티셔츠, 카탈로그, 견본을 보내주는 것을 비교해보십시오. 사실 이런 홍보물은 이 프로그램이 아니어도 나눠주는 것입니다. 광고를 보고 전화한 사람에게도 견본을 보내야 하니까요. 영업사원이 후속조치를 취해야 한다는 사실도 마찬가지고요. 다른 점은 티셔츠를 받은 고객이 친구에게 이야기를 전한다는 것뿐입니다. 광고의 리드당 비용은 400달러 정도지만 이 프로그램의 리드당 비용은 잉크와 셔츠 값뿐입니다."

과거 윈저원은 광고와 제품 카탈로그에 의존해 수요를 창출했다. 같은 일을 간접적으로 해내는 티셔츠는 그 일을 더 효과적으로 하고 있다. 윈저원을 무척 아끼는 로빈 필립스^{Robbin Phillips}와 그녀의 공저자들은《열정 대화^{The Passion Conversation}》에 이렇게 적고 있다.

"안내책자를 만들지 말고 대화를 유발하는 도구를 만들어라. 이 문제를 생각할 때 '적을수록 좋다.'는 것을 유념하라. 티셔츠처럼 단순한 것을 고려하라. '오명을 씻어라.'라는 글이 적힌 티셔츠가 어떻게 대화를 불러일으키는지 생각해보라. 당신 이름이 적힌 단 하나뿐인 수제 프린트 티셔츠라면 대화를 유발할 것이다. 스토리에도 적을수록 좋다는 원리를 적용해야 한다. 쉽게 전할 수 있는 짧은 스토리가 좋다."

'커트에게 전화해 티셔츠를 받으세요.'에 담긴 비밀 중 하나는 티셔츠 자체에 이야깃거리가 될 만한 특성이 있다는 점이다. 단순히 윈저원의 로고를 박은 티셔츠가 아니다. 그렇게 하면 무슨 재미가 있겠는가. 그 티셔츠는 윈저원의 로고를 새기는 대신 건축업자나 목수의 흥미를 끌도록 잘 알려진 로고와 문화적 밈*을 비틀어 해석하고 있다. 번트는 말한다.

"우리는 사람들이 작업장 밖에서도 입고 싶어 할 만한 티셔츠를 만드는 데 주안점을 두었습니다. 이는 일하지 않을 때도 실제로 입느냐 아니면 '오늘 저 싸구려 티셔츠를 입고 페인트칠을 한 다음 일이 끝나면 버려야지.' 하느냐의 문제라서 더 많이 신경 써야 합니다."

입소문은 기존고객이 쏟아내는 대화를 연료로 이용해 신규고객을

윈저원이 무료로 배포하는 티셔츠

---

* meme, 아주 짧은 기간 동안 광범위하게 빨리 퍼져 나가 유행이 되는 새로운 문화 현상.

끌어들인다. 그러나 아무리 많은 사람이 수다를 떨어도 여기에 목적에 따른 전략이 없으면 의미가 없다. 이것이 입소문과 입소문 마케팅의 차이다. 윈저원은 그 차이가 얼마나 중요한지 잘 보여주고 있다.

당신에게는 선택할 기회가 있다. 모든 기업(모든 사람)에도 같은 기회가 주어진다. 어쩌면 당신은 경쟁자보다 한발 더 앞서기 위해 애쓰면서 고객이 그것을 알아차리고 무언가 이야기해주길 기대할지도 모른다. 고객은 좀처럼 그것을 알아봐주지 않지만 말이다. 이제라도 '똑같은 것은 지루하다.'는 철학을 받아들이고 커트의 티셔츠 같은 토크 트리거를 만들어 고객을 자발적 마케터로 바꿈으로써 오프라인 추천이나 온라인 추천으로 신규고객을 얻는 것은 어떨까?

물론 모든 아이디어가 토크 트리거가 되는 것은 아니다.

전 세계를 대상으로 연구한 결과 우리는 토크 트리거 역할을 하는 운영상의 차별화 요소에 필요한 4가지 기준을 밝혀냈다. 파트 2에서는 그 각각의 기준과 그것을 구현하는 기업 사례를 살펴볼 것이다.

PART 2

입소문으로 대박 난 그놈들의 4가지 흥행 전략

지금까지 우리는 입소문의 중요성을 논의했다. 고객이 비즈니스를 충분히 이야기할 거라고 가정하는 데 그치지 않고 실제로 대화를 이끌어내는 전략을 보유하는 것이 왜 중요한지도 밝혔다. 왜 똑같은 것은 지루한지, 진정 차별화한 이야기가 어떻게 대화를 자극하는지도 보여주었다.

이제 어떤 것이 토크 트리거고 어떤 것이 토크 트리거가 아닌지 깊이 분석하고 진단해보자. 세상에는 토크 트리거를 흉내 내는 것이 많지만 그 신빙성과 효과에는 큰 차이가 있다.

지금부터 우리는 토크 트리거를 구축하는 4-5-6 시스템 개요를 보여줄 것이다.

파트 2에서는 4-5-6 시스템의 '4'에 해당하는 것으로 토크 트리거의 자격을 갖추는 데 필요한 차별화 요소의 4가지 기준을 기술한다. 그 각각의 기준은 모두 언제나 충족해야 한다. 그 기준, 즉 실행 가능성 체크리스트를 갖출 경우 토크 트리거를 알아보거나 그것이 필요할 때 당신만의 토크 트리거를 훨씬 쉽게 만들 수 있다.

　모든 차별화 요소가 효과를 내는 것은 아니다. 카우보이가 말을 타는 것과 타조를 타는 것은 확실히 다르다. 그러면 그 별난 점은 비즈니스에 이득을 안겨줄까, 아니면 그저 이상한 일에 그칠까? "바보와 천재는 종이 한 장 차이"라는 말이 있지 않은가!

　그렇지만 그 기준을 살펴보기 전에 보편적으로 사랑받는 차별화 요소란 존재하지 않는다는 점을 반드시 기억해야 한다. 진정한 토크 트리거는 신규고객을 끌어들이는 입소문을 내며 여기에는 의심의 여지가 없다. 당신은 치즈케이크 팩토리, 더블트리 바이 힐튼, 원저원

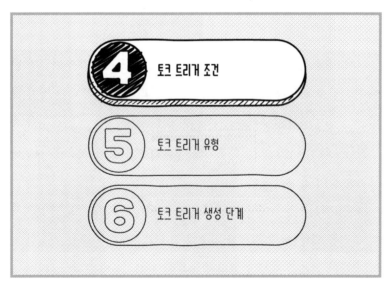

4-5-6 토크 트리거 시스템

목재에서 토크 트리거가 어떤 역할을 하는지 이미 확인했다. 이제부터 입소문으로 회사에 동력을 공급하는 사업가들을 만나볼 것이다.

하지만 아무리 좋은 입소문 전략도 먹히지 않는 사람들이 있다. 이것은 토크 트리거의 질 문제가 아니라 '다른 것'을 수용하지 않으려는 고객이 있기 때문이다.

우리는 오디언스 오딧과의 공동 연구에서 응답자에게 기업들의 운영상 차이점을 얼마나 알아보고 인정하는가와 관련해 일련의 질문을 했다. 가령 '최고 기업은 고객 경험에 무언가 특별한 것이 있다.', '내가 지지하는 기업은 경쟁사와 정말로 다른 것을 제공한다.', '사람들

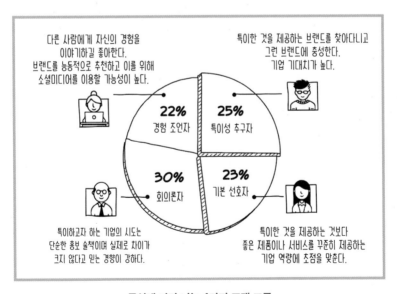

특성에 따라 나눈 4가지 고객 그룹

은 내게 최고 기업, 제품, 서비스에 관해 조언을 구한다.'에 어느 정도 동의하는지 물었다.

수백 개 답변과 수천 개 데이터 포인트를 분석한 우리는 고객이 4가지 그룹, 즉 특이성 추구자, 경험 조언자, 기본 선호자, 회의론자로 나뉜다는 사실을 알아냈다.

특이성 추구자는 무언가 다른 일을 하는 데 전념하는 기업에 가치를 두고 그들을 인정하며 지지한다.

나이나 성별에서 특별한 특성을 보이지 않는 이 집단은 차별점을 찾고 이를 이야기하길 원한다. 이 집단에 속하는 사람 중 61%는 온라인과 오프라인에서 치즈케이크 팩토리나 더블트리 바이 힐튼을 능

특이성 추구자	질의 내용	전체 응답자
6.1	최고 기업은 무언가 특이한 것을 운영의 일부로 삼는다.	4.9
5.9	나는 사업 방식이 남다른 기업에 집착하는 경향이 있다.	4.7
5.6	나는 내가 만족감을 느끼기도 전에 내 만족도 기준을 능가하는 기업을 원한다.	4.6

(최고 점수: 7)

동적으로 언급했다. 앞의 표는 특이성 추구자가 차별화 요소에 얼마나 큰 가치를 부여하는지, '다름'을 경영 방침으로 받아들이는 정도가 얼마나 높은지 보여준다(최고 점수 7점).

경험 조언자는 개인적으로 특이성 추구자만큼 차별화 요소에 비중을 두지 않지만 다른 집단보다 브랜드를 이야기하고 질문할 가능성은 훨씬 더 높다. 그것을 그다지 좋아하지 않는다고 말하면서 실제로는 더 많이 입에 올린다. 이들은 입소문에 가장 적극적이다. 그러나 그것은 차별화 요소를 좋아해서가 아니라 브랜드를 이야기함으로써 자신이나 자신의 전문지식에 우월감을 느끼기 때문이다. 여기에 속하는 사람 중 4분의 3은 입소문에 능동적으로 참여했다. 아래 표는

경험 조언자	질의 내용	전체 응답자
6.3	기업, 제품, 서비스와 관련해 내 경험을 질문받는 것을 즐긴다.	5.4
5.5	나는 새로운 기업, 제품, 서비스를 선택하기 전 다른 사람에게 추천을 요청한다.	4.9
5.6	사람들은 내게 최고 기업, 제품, 서비스에 관한 조언을 구한다.	4.6

(최고 점수: 7)

이 집단이 자신의 경험을 다른 사람에게 이야기하는 것을 얼마나 좋아하는지 보여준다(최고 점수 7점).

경험 조언자는 대체로 여성일 확률이 높다. 특이성 추구자 집단에 속하는 사람 중 여성은 53%인데 반해 이 집단은 여성이 71%다. 또한 이 집단의 구성원은 절반이 35세 이하로 다른 집단보다 훨씬 젊다. 자신의 의견을 표현하려는 성향, 특히 소셜미디어에서 자신을 드러내려는 성향은 밀레니얼 세대의 공통 특성이다.

기본 선호자는 USP를 좋아한다. 이들은 특이성보다 질 높은 고객 경험을 중시하고 특이성 추구자나 경험 조언자에 비해 입소문에 관여할 가능성이 낮다. '다른 것'보다 '좋은 것'을 선호하는 이 집단은 연령층이 약간 높은 편으로 절반 이상이 45세가 넘는다.

마지막 집단인 **회의론자**는 차별화 요소에 거의 적대적이다. 이들은 치즈케이크 팩토리와 더블트리 바이 힐튼의 전체 고객 중 30%를 차지하며 "기업이 무언가 특이한 것을 제공할 경우 그것은 보통 고객인 내 경험을 정말 개선하려는 것이라기보다 홍보 술책에 가깝다."라고 대답할 가능성이 2배에 이른다.

더 중요한 것은 토크 트리거에 의혹을 품는 이런 사람들은 '기업은 달라지거나 특이해지려는 노력에 초점을 맞추지 말아야 한다.'라고 생각할 확률이 대단히 높다는 점이다. 이 회의론자의 약 60%는 남성이다.

토크 트리거 전략은 반드시 특이성 추구자와 경험 조언자를 표적

으로 삼되 기본 선호자와 회의론자도 무시해서는 안 된다. 회의론자
는 '다른 것'을 싫어한다고 말하지만 그렇다고 당신의 비즈니스를 입
에 올리지 않는 게 아니다. 특이성 추구자든 경험 조언자나 기본 선
호자 혹은 회의론자든(아니면 고객층에 이들 모두가 포함되어 있든) 고객은
온라인과 오프라인에서 당신 이야기를 한다.

토크 트리거의 목표는 그 커뮤니케이션을 본래보다 더 지속적이고
강렬하게 만드는 데 있다. 토크 트리거는 입소문을 부수적이거나 불
안정한 것이 아닌 의도적이고 강력한 것으로 만든다.

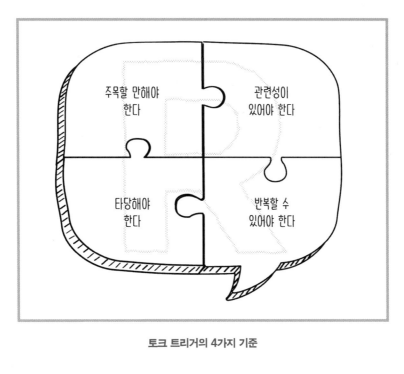

토크 트리거의 4가지 기준

이를 위해 운영상의 차별화 요소는 4가지 기준에 부합해야 한다. 즉, 모든 토크 트리거는 주목할 만하고 관련성이 있으며 타당하고 반복할 수 있어야 한다.

이 4가지 조건 중 가장 기본인 첫 번째 기준부터 살펴보자. 토크 트리거는 주목할 만한 것이어야 한다.

TALK
TRIGGERS

CHAPTER 4

전략 1: 주목성

목에 새긴 문신처럼
눈에 잘 띄어라

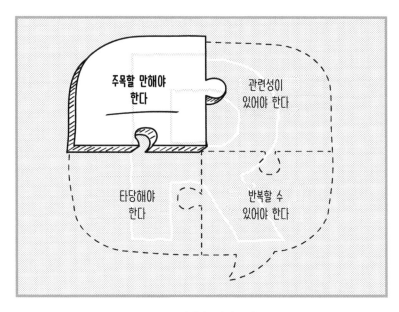

토크 트리거의 4가지 조건

컨설팅 업무를 하다 보면 기업이 끊임없이 집단의 생각과 행동에 순응하려 하는 것을 발견한다. 기업은 성장을 원하면서도 같은 업계의 다른 기업과 다르게 행동하는 것은 성장 목표와 상반된다고 생각한다. 사실은 그 반대인데 말이다. 가령 자동차 회사는 늘 이런 식으로 오판한다.

"3가지 차를 만들자. 95%는 다른 차와 똑같이 하고 범퍼, 라이트, 이름만 바꾸자. 서두르자! 이제 우리에게는 디자인과 제조에 최소한의 노력을 들인 새 모델이 3개나 생긴다."

이 정도로는 아무도 속일 수 없다. 그들은 왜 이렇게 일할까? 대부분은 경쟁사를 모방하기 위해서다. 안됐지만 이것은 스스로를 제한하는 접근법이다. 하버드 경영대학원 문영미 교수는《디퍼런트》에서 비즈니스계는 경쟁을 만듦으로써 유사성을 낳고 있다고 말한다.

"모두가 같은 방향을 보아야 경주가 이뤄진다는 단순한 이유 때문에 경쟁과 유사성은 항상 형제처럼 연결되어 있다."

하지만 경쟁을 향한 목마름만 삶에서 달라질 기회를 없애는 것은 아니다. 운영 역량만으로도 충분히 이야기를 촉발할 수 있다는 태평한 믿음도 큰 몫을 차지한다.

이것은 잘못된 생각이다. 차별화 요소가 토크 트리거 후보가 되려면 주목할 만하다는 첫 번째 기준을 충족해야 한다. 주목할 만하다는 것은 언급할 가치가 있음을 의미한다. 즉, 이야기할 만큼 가치가 있는 스토리여야 한다. 메리엄 웹스터^{Merriam Webster} 사전은 주목할 만하다를 "평범하지 않고 비범한 것으로 특별히 주의를 기울일 가치가 있거나 그럴 가능성이 높은"이라고 정의하며 그것을 분명히 지적하고 있다.

사람들은 적절한 경험은 거의 이야기하지 않는다는 사실을 기억해야 한다. 입소문을 만들 때 '좋다'는 그저 두 글자로 이뤄진 단어에 불과하다('좋다'는 항상 두 글자 단어다. 당신은 우리가 무슨 의미로 말하는 것인지 알 것이다).

지구상의 모든 기업은 주목할 만한 존재가 될 가능성이 있지만 그중 달라지려고 애쓰는 기업은 극소수다. 이는 주목할 만한 존재가 되는 것이 잠재고객 중 일부를 잃을 위험을 동반하기 때문인지도 모른다. 차별화 요소는 때로 목에 있는 문신과 비슷하다. 확실히 눈에 띄긴 하지만 보편적으로 가치를 인정받는 것은 아니다.

예를 들어 완전한 채식을 추구하는 비건들은 쿠키 때문에 더블트리에 오지는 않을 것이다. 그들은 쿠키를 먹지 않으니 말이다(이 브랜드는 비건을 위한 대체품을 연구하고 있다). 존 잔치는 이렇게 말한다.

"다른 길을 택할 때마다 고객의 일부를 잃습니다. 회사가 계속 지금 같기를 기대하고 거기에서 약간만 벗어나도 회사에 불만을 보이는 사람들이 있죠. 그러나 성공한 많은 브랜드의 비밀 중 하나는 그 브랜드를 좋아하는 사람만큼이나 싫어하는 사람도 많다는 것입니다."

특히 회의론자는 토크 트리거로 주목을 받으려는 당신의 노력이 표리부동하고 경솔한 짓이라고 생각한다. 그런데 놀랍게도 설문조사

	회의론자	총응답자
치즈케이크 팩토리 메뉴의 규모 (힌트 없음)	33%	37%
치즈케이크 팩토리 메뉴의 규모 (힌트 있음)	59%	57%
더블트리의 따뜻한 쿠키 (힌트 없음)	35%	34%
더블트리의 따뜻한 쿠키 (힌트 있음)	65%	69%

전체 고객층 중 회의론자 대 총응답자 비율

에서 회의론자는 차별점을 포용하는 고객과 같은 빈도로 더블트리와 치즈케이크 팩토리를 추천했다. 회의론자가 더블트리의 쿠키와 치즈케이크 팩토리의 엄청난 메뉴를 이야기하는 빈도와 회의론자가 아닌 사람들이 같은 이야기를 하는 빈도 사이에는 실제로 차이가 없다.

주목할 만한 존재로 부상하는 것은 사람들이 당신 이야기를 하도록 조장하는 데 대단히 효과적이다. 주목할 만한 존재가 되어도 아무 영향이 없다고 굳게 믿는 사람까지도 그렇다. 이것은 마이클 잭슨을 모방하는 연예인이 마이클 잭슨에게 영향을 받지 않았다고 부인하는 것과 비슷하다. 당사자는 정말로 그렇게 생각할지도 모른다. 그러나 그의 행동은 다른 말을 한다. 위의 표는 회의론자가 전체 고객층 대비 얼마나 자주 치즈케이크 팩토리와 더블트리 호텔의 토크 트리거를 이야기하는지 보여준다. 힌트가 있든('엄청난 메뉴를 이야기한 적이 있습니까?') 없든('무엇을 이야기했습니까?') 토크 트리거를 이야기할 가능성은 본질적으로 동일하다는 데 주목하라.

그러므로 회의론자를 걱정할 필요는 없다. 그들이 당신 회사가 마음에 들지 않는다고 이야기할지도 모르지만 어쨌든 당신 회사를 입에 올린다. 제품이 야단스럽지 않을 때도 말이다.

가령 소매금융은 대체로 차별화 요소가 두드러지는 비즈니스 부문이 아니다. 실제로 대다수 은행이 거의 동일한 기능을 하며 상당히 비슷한 범위 내에서 운영한다. 엄프콰 은행^{Umpqua Bank}은 다르다. 엄프콰 은행에는 테이블을 앞에 두고 가만히 앉아 있기만 해도 대화를 불러일으키는 토크 트리거가 있다.

은행에서 직통전화로
은행장과 통화하는 놀라운 경험

1953년 설립된 엄프콰 은행은 오리건주 포틀랜드에 본사가 있고 300개 이상의 지점을 보유한 미국 50대 은행 체인 중 하나다. 흥미롭게도 이 은행은 주목받는 것을 두려워하지 않으며 오히려 그것은 엄프콰 DNA의 일부다.

이들은 1994년 레이 데이비스가 CEO로 부임하면서 차별화에 나서기 시작했다. 개척정신이 강한 이 은행가는 소매은행 개념 자체를 재창조하려 했다. 2013년 한 기사에서 데이비스는 이렇게 말했다.

"우리는 거의 20년 동안 고객에게 색다른 은행 경험을 제공하는데 초점을 맞춰왔습니다. 그 중심에는 은행이 관련성을 유지하려면 다른 운영 방식이 필요하다는 생각이 있습니다."

엄프콰 지점(이 은행은 지점을 '매장'이라고 부른다)에 들어가는 고객은 다른 은행 지점과 현저하게 다른 경험을 한다. 엄프콰의 각 매장에는 월마트와 마찬가지로 고객과 예상고객을 맞이해 구내로 안내하는 직원이 있다. 더구나 매장 전체가 지역 기업을 중심으로 삼기 때문에 이곳에는 인포메이션 월information wall, 지역 제품을 판매하는 소매센터, 금융상품, 제품 정보와 함께 지역 예술가의 비디오를 디지털로 보여주는 대화형 디스커버 월Discover Wall 터치스크린이 있다.

짐작대로 소비자 금융고객이 실제 지점에 방문하는 일은 과거보다 훨씬 줄어들었다. 엄프콰는 인근 엄프콰 지점에 들르는 것을 귀찮은 일에서 하나의 경험으로 전환해 이 추세에 대응하고 있다.

각 엄프콰 지점에서 가장 눈길을 끄는 매장 내 경험, 즉 토크 트리거는 은색 전화기다. 이것은 단순한 전화기가 아니라 은행장과 직접 통화할 수 있는 특별한 전화기다. 어떤 고객이든 하나뿐인 버튼을 누르면 곧바로 은행장과 통화할 수 있다. 지점장이 아닌 엄프콰 전 지점의 운영을 총괄하는 대표와 말이다. 2017년 대표이자 CEO 자리를 코트 오하버에게 물려주고 회장직을 맡을 때까지 그 자리에 있던 사람은 레이 데이비스였다.

은행과 고객들의 트윗은 그 직통전화가 얼마나 큰 가치를 지니는지 보여준다.

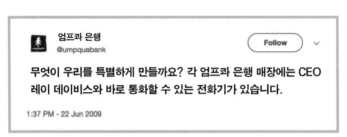

엄프콰 은행
@umpquabank

Follow ∨

무엇이 우리를 특별하게 만들까요? 각 엄프콰 은행 매장에는 CEO 레이 데이비스와 바로 통화할 수 있는 전화기가 있습니다.

1:37 PM - 22 Jun 2009

애드리안 심슨(Adrian Simpson)
@AdieSimpson

Follow ∨

엄프콰 은행 400개 지점 어느 곳에나 구비해둔 2대의 은색 전화기로 가서 1번을 누르면 어떤 고객이든 CEO와 통화할 수 있다. 굉장하지 않은가! #고객 경험

1:13 AM - 28 Sep 2017

엄프콰의 대변인 이브 캘러한은 이렇게 말했다.

"고객을 피할 이유가 어디 있나요? 고객이 쉽게 접근하도록 개방적인 태도를 유지할 수 있으면 그렇게 하는 것이 맞습니다. 지금 그것이 그 어느 때보다 중요하다고 생각합니다. 사람들은 은행을 신뢰하려 하지 않고 우리는 고객의 피드백을 원합니다. 우리는 그들의 질문에 답할 준비를 갖추고 있지요."

자리에 있을 때 오하버는 직접 전화를 받는데 이것이 진짜인지 홍보용 술책인지 확인해보기 위해 버튼을 누른 고객은 그의 목소리에 깜짝 놀란다. 덕분에 이 직통전화는 대화를 촉발한다.

큰 기업만 달라질 수 있다고 생각해서는 안 된다. 사실 스타트업은 다른 방식으로 운영하는 것이 더 쉬울 수 있다. 제이 소퍼는 이것을 직접 경험했다.

동물 복지에 헌신하는
자물쇠 수리 업체

2008년 29세였던 제이 소퍼는 일자리 없이 어머니의 집 차고에서 살고 있었다. 그로부터 3년 뒤 그는 뉴욕시를 통틀어 옐프에서 가장 높은 평점을 받은 자물쇠 수리 업체 록버스터Lockbusters의 사장이 되었다.

록버스터의 토크 트리거는 옐프를 비롯해 온라인과 오프라인에서 입소문을 만들어냈고 덕분에 록버스터는 빠르게 성장했다. 경쟁업체가 대부분 그리 윤리적이지 않다는 사실도 여기에 힘을 보탰다. 소퍼는 우리에게 이런 말을 들려주었다.

"뉴욕에서는 자물쇠 수리공에게 도둑맞은 사람을 흔히 만날 수 있습니다. 얼마 전 자물쇠를 바꿨는데 그 일을 해준 자물쇠 수리공을 믿을 수 없어 다시 자물쇠를 바꾸고 싶다는 고객의 전화를 받을 땐 정말 안타깝습니다."

록버스터는 엄프콰 은행과 마찬가지로 여타 자물쇠 수리 업체와 차원이 다른 고객 경험을 제공한다. 예를 들어 록버스터는 야간, 주말, 비상 서비스를 포스팅한 가격대로 제공하고 모든 자물쇠와 그 설치비용에 정찰제를 실시해 견적을 확실하게 제시한다. 또한 소퍼의 자물쇠 카탈로그에는 그만의 체계(1~5개까지의 자물쇠 표시)에 따라 침투성 평가 결과까지 싣고 있다.

고객에게 미리 가격을 알려주는 것은 사업의 기본처럼 보이지만 자물쇠 수리 업계에서는 그런 일이 극히 드물다. 소퍼는 그의 웹사이트에 이런 글을 올렸다.

'많은 자물쇠 수리공이 바가지를 씌웁니다. 문을 열 수 없어 집에 들어가지 못할 경우에는 더욱 그렇죠. 전화로 가격을 말해주기도 하지만 현장에 오면 얘기가 달라집니다. 서비스를 신청할 때보다 훨씬 높은 요금을 지불해야 하지요. 록버스터는 그렇게 하지 않습니다. 우리는 곤경에 처한 사람을 이용하지 않습니다. 우리는 공정한 가격을

$389
🔒🔒🔒🔒

엄마 승인 자물쇠: 보안 선택과 내충격성 실린더, 지미 프루프 데드볼트*

뉴욕에서 자녀 혼자 사는 것이 걱정인가요? 엄마 승인 자물쇠가 보초를 서고 있으니 안심하고 주무세요. 이 자물쇠에 얼마나 많은 기능이 있는지 아세요? 바로 그것이 어머니들이 이 자물쇠를 선택하는 이유입니다. 이 자물쇠는 당신 자녀의 아파트를 안전하게 지켜줍니다. 이제 아파트를 깨끗하게 관리하는 일만 남았네요.*

$359
🔒🔒🔒🔒🔒

걱정 안녕 자물쇠: 멀티로크 톱 가드 (Multi-lock Top Guard)

(데드볼트 모델은 $1129). 문 앞에 로트와일러**를 둔 것으로 생각하면 됩니다. 나쁜 생각을 하는 사람과 침입자에게 위협적인 거대한 자물쇠입니다. 도둑이 이것을 보면 다른 문을 찾을 수밖에 없죠. 이 자물쇠는 몹쓸 녀석들에게 '출입금지!'라고 외칩니다.

$429
🔒🔒🔒🔒🔒

정신 나간 전남편 대비 자물쇠: 멀-T-로크 (Mul-T-Lock), 메데코 튜블러 데드볼트 (Medeco Tubular Deadbolt)

제이가 가장 좋아하는 자물쇠. 제이는 실시간으로 이 자물쇠의 테스트 장면을 목격했습니다. 정신 나간 전남편이 전처의 집 문을 부수려 하는 장면이었죠. 자물쇠는 단단히 고정되어 있었습니다. 영화 '샤이닝'의 잭 니콜슨이라고 해도 이 녀석을 부술 수는 없을 겁니다.

---

* Jimmy Proof Deadbolt, 스프링 작용 없이 열쇠나 손잡이를 돌려야 움직이는 걸쇠.
** rottweiler, 사납고 덩치가 큰 개.

제시하고 그것을 지킵니다.'

소퍼와 그의 팀은 출장을 나갈 때마다 보안 점검과 자물쇠에 윤활유를 발라주는 일을 무료로 해준다. 즉, 그들이 제공하는 서비스는 자물쇠 설치뿐이 아니다.

록버스터는 자물쇠 업체가 제공하는 고객 경험을 크게 개선했다. 록버스터의 사업 방식은 본질적으로 토크 트리거가 아니다. 스토리를 만들 정도로 주목할 만한 것이 아니기 때문이다. 하지만 소퍼가 동물에게 보이는 애정과 동물 복지에 헌신하는 것은 충분히 스토리가 된다.

아끼던 개가 죽었을 때 소퍼는 반려견이 쓰던 목줄, 목걸이, 밥그릇, 장난감을 슈가 머츠 레스큐Sugar Mutts Rescue에 기부했다. 이 관계를 촉매로 록버스터 고객은 계속 입소문을 퍼트리는 토크 트리거가 되었다. 소퍼의 말을 들어보자.

"대다수 고객이 제 서비스를 좋게 생각하고 팁을 많이 주었습니다. 제겐 큰 행운이었죠. 얼마 지나지 않아 팁이 아니어도 경비를 충당할 수 있게 되었습니다."

소퍼는 팁을 슈가 머츠 레스큐에 기부하기 시작했고 그 액수는 점점 커졌다. 그가 말했다.

"제가 기부하는 것은 이기적인 이유 때문입니다. 기부하면 제 기분이 좋아지거든요."

록버스터는 웹사이트에 팁 기부 프로그램 메모를 추가했고 소퍼는 그것을 고객에게 이야기하기 시작했다. 늦은 밤에 비상 서비스를 이 용하고 만족한 한 고객은 기부 프로그램을 긍정적으로 받아들여 자 신의 블로그에 이를 포스팅했다. 그때 인기 높은 TV 프로그램 '빅뱅 이론'에 출연한 유명배우 윌 휘튼이 이 디지털 입소문을 접했다. 휘 튼은 이 블로그 포스팅을 트위터에 홍보했고 소퍼의 슈가 머츠 레스 큐 토크 트리거는 널리 퍼져갔다.

옐프에는 소퍼에게 별점 5점을 준 리뷰가 400개에 이른다. 그중에 는 특이한 추천 글이 많이 있는데 우리가 가장 좋아하는 것은 샨텔 D$^{Chantelle\ D}$의 추천이다.

"집에 들어가지 못해 록버스터에 전화하는 경험을 또 하고 싶은

쉴라 M.
뉴욕, 헤이스팅스 온 허드슨
♟ **22 friends**
⬛ **11 reviews**

↗ Share review
< > Embed review
🏅 Compliment
💬 Send message
🐾 Follow Sheila M.

⭐⭐⭐⭐⭐ 3/28/2017

최악의 자물쇠 수리 업체를 경험한 후 곧 최고의 자물쇠 수리 업체를 경험했습니다.
NYC나 주변 지역(웨스트체스터 포함)에 사는 사람이면 꼭 이 회사를 이용하세요.

제이가 몇 가지 질문을 하고 견적을 내는 데는 몇 분밖에 걸리지 않았습니다. 한 시간도 되지 않아 다소 까다로운 내 스케줄에 맞춰 약속을 잡았고요. 그는 내 자물쇠를 엄청나게 빨리 교체했습니다. 우리는 얼마 전 내가 사기당한 일과 내가 선택할 수 있는 옵션은 물론 그가 수년간 관계를 맺어온 비영리단체 이야기까지 나누었죠.

더구나 그는 자신이 받은 모든 팁을 슈가 머츠 레스큐에 기부합니다. 제이는 신용카드 회사에 편지를 보내 이전 자물쇠 수리 업체가 청구한 금액에 이의를 제기하는 데 도움을 받으라는 조언까지 해주었습니다. 사기꾼이 내 자물쇠를 고친 일 때문에 일주일 동안 고생했는데 이제야 발 뻗고 자겠네요.

정말 최고입니다.

제가 이상한가요? 그 정도로 좋은 경험이었어요."

리뷰를 보면 대부분 슈가 머츠 레스큐 프로그램을 언급하고 있다.

슈가 머츠 레스큐의 일을 더 크게 돕고 싶었던 소퍼는 최근 자선 중개인 역할을 하는 비영리단체 키 투 더 커뮤니티^{Key to the Community}를 설립했다. 소퍼는 뉴욕에 있는 중소업체 100곳을 찾아가 한 달에 10달러씩 기부해 함께 도시를 개선해 나가자고 설득했다. 키 투 더 커뮤니티는 기부금을 모으고 참여 기업은 이 자금을 어디로 보낼지 결정한다.

"적절한 방법을 선택한 것입니다. 일종의 폭포 효과죠. 어떤 일이 잘 풀리면 차례로 모든 사람에게 이득을 주는 일들이 생겨납니다."

훌륭한 은행이나 뛰어난 자물쇠 수리 업체가 되는 것은 가치 있는 목표이며 평범한 은행과 자물쇠 수리 업체가 되는 것보다 사업상 훨씬 더 나은 결과를 창출한다. 입소문이 직접 유발하는 19%의 구매를 이끌어내려면 좋은 것을 넘어 주목할 만한 것을 포용해야 한다.

엄프콰의 직통전화와 록버스터의 팁 기부는 주목할 만하다. 덕분에 그것은 단순히 좋은 특정에 그치지 않고 토크 트리거를 만드는 스토리가 되었다.

주목할 만하다는 것은 토크 트리거가 되는 차별화 요소의 유일한 조건이 아니다. 토크 트리거가 되기 위해서는 관련성도 있어야 한다. 다음 챕터에서 그 이야기를 자세히 나눠보도록 하자.

TALK
TRIGGERS

CHAPTER 5

전략 2 : 관련성

비즈니스와 연관된
서비스를 제공하라

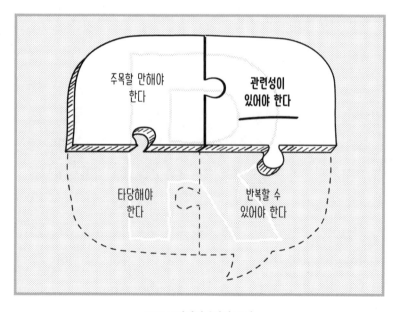

주목할 만해야
한다

관련성이
있어야 한다

타당해야
한다

반복할 수
있어야 한다

토크 트리거의 4가지 조건

대화가 당신의 핵심 사업과 확실하게 연관되지 않는다면 대화를 유발한다고 무슨 소용이 있겠는가? 고객들이 더블트리 바이 힐튼이 제공하는 따뜻한 쿠키를 '최선을 다해 손님을 맞이하겠다.'는 마음을 상징하는 것으로 여긴다는 점을 기억하라. 윈저원이 티셔츠로 장인 정신 가치를 인정하고 있음을 기억하라.

　관련성은 입소문을 만드는 데 대단히 중요한 요소지만 마케터는 대부분 이를 간과한다. 예를 들어 과거 B2B 기업, 특히 기술 분야 B2B 기업은 고객을 대상으로 각종 대회를 개최했는데 놀랍게도 대회 우승자에게 거의 예외 없이 아이패드를 주었다.

　하지만 아이패드를 부상으로 주기에 적절한 기업은 이 정도다.

- 애플
- 전화회사
- 대형 가전제품 소매업체

　회사가 아이패드와 관련이 '없다면' 왜 시간, 돈, 노력을 들여 당신의 제품이나 서비스와 전혀 연관이 없는 이야깃거리를 만들어내는가? 차별화 요소가 토크 트리거가 되려면 반드시 관련성이 있고 회사 포지셔닝과 목표를 지원해야 한다. 또한 당신이 누구인지는 물론 당신이 하는 일, 당신이 지지하는 것과 의미가 통해야 한다.

　다음은 가족이 경영하는 한 놀이공원 사례다. 이들이 놀이공원 운영과 밀접하게 관련된 토크 트리거로 무엇을 선택했는지, 그것이 어떻게 고객들 사이에 입소문을 일으키고 그들의 경험을 향상시켰는지 살펴보자.

공짜 음료수로
엄마 아빠의 지지를 얻은 놀이공원

인디애나주 산타클로스 마을은 제이 배어의 집에서 남쪽으로 약 150km 떨어져 있다. 산타클로스에는 4가지 특별한 것이 있는데 그 중 3가지는 옥수수다. 나머지 하나는 미국에서 가장 오랜 역사를 자랑하는 놀이공원이자 워터파크인 홀리데이 월드 앤 스플래싱 사파리 Holiday World and Splashin' Safari 다.

1946년 루이스 코크가 은퇴를 준비하며 인디애나주 에번즈빌에 설립한 홀리데이 월드는 개장 이래 수많은 골든티켓상(테마파크 업계의 아카데미상)을 수상했고 17년 연속 가장 깨끗한 공원으로 선정되기도 했다.

본래 테마파크 건설의 촉매제는 오해의 소지가 있는 이 지역 이름이었다. 코크는 성 니콜라스의 머리털 한 오라기도 찾아볼 수 없는 인디애나주 산타클로스가 아이들을 실망시키지 않을까 걱정했다. 처음에 '산타클로스 랜드'라고 명명한 이 놀이공원에는 장난감 가게,

장난감 전시장, 주제별 놀이기구가 있었고 당연히 산타도 있었다. 그러다가 1984년 핼러윈과 독립기념일 테마를 추가하면서 이름을 홀리데이 월드로 바꾼 뒤 1993년 스플래싱 사파리를 도입했다.

코크의 홀리데이 월드 앤 스플래싱 사파리는 세계적 명성을 자랑하는 리세베리 어플러즈 어워드^{Liseberg Applause Award}를 수상했다. 이 상은 매년 통찰력, 독창성 그리고 건전한 사업 개발 · 관리 · 운영으로 창의적 성과를 냄으로써 업계를 고무한 놀이공원에 수여한다.

운영상의 탁월성과 고객 경험에 보인 홀리데이 월드 앤 스플래싱 사파리의 헌신은 70년 넘게 이들의 DNA에 자리해왔다. 하지만 그들의 토크 트리거는 2000년에 만들어졌고 이는 직관적으로 개발한 것이다.

창립자의 아들로 사망할 때까지 공원의 대표직을 맡은 윌 코크는 이렇게 말하곤 했다.

"다른 사람들이 이쪽으로 가면 우리는 저쪽으로 간다."

커뮤니케이션 책임자 폴라 베르네는 코크가 늘 그것을 도전과제로 세웠다고 말한다.

"다른 사람들이 하는 방식과 다르게 할 수는 없을까?"

다른 사람들이 그렇게 하는 것은 잘못이 아니다. 만약 무언가 그들과 다르게 하면 사람들의 주목을 받고 애정도 얻지 않을까?

매트 에케르트는 홀리데이 월드에서 재정관리 담당자로 사회생활을 시작했다. 현재 홀리데이 월드의 대표 겸 CEO인 그는 토크 트리거의 기원을 정확히 기억하고 있다.

"여기에서 일하던 첫날 월이 우리 사무실로 와서 말했죠. '내게 멋진 생각이 있어. 청량음료를 무료로 제공하는 거야.' 저는 그가 사장이라는 것을 알았지만 그에게 말했습니다. '제정신이세요?'"

에케르트는 사장이 마진이 100%에 가까운 청량음료를 무료로 나눠주겠다고 하는 것을 도무지 믿을 수가 없었다.

"그렇지만 월의 설명대로 그 조치가 우리 공원을 차별화한다는 점에는 동의할 수밖에 없었습니다. 다른 공원에서는 하지도 않고 한 적도 없는 일이었으니까요. 거기에서 우리가 얻은 혜택은 엄청납니다."

이 조치에 놀이공원 업계는 아연실색했다. 에케르트는 이런 반응을 직접 경험했다.

"시행 첫해 무역박람회에 갔다가 사람들의 반응을 보았죠. 그건 제가 월에게 처음 보였던 반응과 흡사했습니다. 그들은 우리에게 다가와 '제정신입니까? 도대체 무슨 일이에요? 이건 지금껏 본 적 없는 미친 짓이에요.'라고 말했죠."

베르네는 그들의 태도가 혼란스럽다기보다 노골적인 적대감이었다고 말했다.

"그들은 화가 나 있었습니다. 속으로 이 조치가 업계에 파란을 일으키리라는 점을 알고 있었기 때문일 겁니다. 월이 존경하던 업계 관계자들이 그에게 화를 내며 추궁하던 것이 기억납니다. '정말 미친 짓이오!'는 감탄의 의미가 아니라 화가 나서 하는 말이었습니다. '이건 정말 미친 짓이오! 대체 왜 이런 일을 하는 겁니까?'"

주변의 아우성에도 불구하고 이 계획은 현실화됐고 그들은 공원 전체에 분포한 924개 분배기로 물, 게토레이, 커피, 청량음료, 아이스티를 제공했다. 구내에 있는 모든 식당의 음료도 무료다. 가족 전체가 놀이공원에서 음료수를 공짜로 먹으면 금전적 이득이 상당하다. 비교를 위해 예를 들자면 2018년 식스 플래그Six Flag 놀이공원에서는 리필이 가능한 청량음료 컵을 14.99달러에 팔았다. 이 조치는 홀리데이 월드 고객의 비용 절감에만 도움을 준 것이 아니었다. 홀리데이 월드에도 예상치 못한 소득이 있었는데 에케르트는 여기에 동의한다.

"2000년에는 주로 고객들이 쓴 의견서나 편지로 의사소통을 했습니다. 고객들이 우리에게 의견서나 편지를 쓰는 이유는 보통 우리가 제공하는 서비스에 만족하지 못했기 때문이죠. 그런데 무료 음료 서비스를 시작하자 소소한 불만이 모두 사라졌습니다. 무료 음료를 제공받고 전반적으로 만족도가 높아진 것이지요. 더구나 그해 응급치료 건수가 급격히 하락했습니다. 이전에는 더위를 먹은 손님이 응급치료 센터로 가곤 했죠."

이 무료 음료 서비스에는 폐기물 처리비용을 절약하는 부수 효과도 따랐다. 에케르트가 설명했다.

"놀이공원에서는 음료를 산 뒤 놀이기구를 타려고 줄을 서 있다가 기구에 오르기 전 다 마시지 못한 음료를 버립니다. 무거운 액체 쓰레기가 쓰레기통을 채우는 거죠. 하지만 이제는 수십 개 음료 코너에 작은 컵이 놓여 있습니다. 부모들은 그곳에서 아이에게 음료를 주고 필요한 만큼 수분을 섭취했는지 확인합니다. 음료가 남아서 버릴 필요가 없지요. 덕분에 폐기물 양이 극적으로 감소했습니다."

베르네는 무료 음료가 가족에게 주는 심리적 장점의 가치도 높이 평가했다.

"무료 음료의 가장 좋은 점은 아빠가 짠돌이가 될 필요가 없다는 것입니다. 아이들에게 '10달러짜리 음료를 사서 나눠 먹자.'라고 하기보다 '원하는 대로 마음껏 마셔.'라고 하는 게 좋지 않겠습니까? 하루만이라도 아이들에게 '안 돼!'라고 말할 필요가 없는 것은 부모 모두에게 좋은 일이겠지만 대부분 아빠들이 더 좋아하는 것 같습니다."

무료 음료는 대단히 효과적인 토크 트리거다. 트립어드바이저 웹사이트에는 이 놀이공원의 무료 음료 서비스를 언급하는 리뷰가 1,000개 이상 올라와 있다.

베르네가 말했다.

데일 S820
테네시 코튼타운
✍224 👍108

◎◎◎◎◎ 2017년 10월 2일 리뷰

소중한 시간
나는 매년 가을 요금을 적용하는 첫 주말이면 가족과 홀리데이 월드를 찾는다. 줄도 짧고 가격도 무척 싸다. 우리 가족은 여기서 즐거운 시간을 보낸다. 적극 추천! 그늘이 좀 더 있으면 좋겠지만 지금도 매우 훌륭한 놀이공원이다. 음료가 무료라니! 더 이상 무슨 말이 필요할까.

⊙⊙⊙⊙⊙ 2017년 8월 23일 리뷰

가족이 즐길 거리가 가득

우리 아이들(2세, 4세)은 신나는 경험을 했다! 그곳에 다녀온 후 줄곧 그곳 얘기만 한다. 다른 공원에 비해 가성비가 높았고 줄을 서서 오래 기다릴 필요가 없었다. 무료 음료 센터도 정말 좋았다.

👍 Thank G1989DRhollyp

G1989DRhollyp
텍사스 힌초빌
📑11 👍3

⊙⊙⊙⊙⊙ 2017년 7월 26일 리뷰 📱 via mobile

즐거운 시간

워터파크가 정말 마음에 들었다. 놀이기구는 재미있었다. 매우 깨끗했고 직원들도 친절했다. 어디에나 안전요원이 있는 점이 좋았다.
가장 재미있는 롤러코스터는 선더버드였다. 내리자마자 다시 타러 갈 정도였다.
모든 놀이기구가 재미있었다.
하지만 정말 많이 걸어야 했다.
무료 음료야말로 금상첨화였다.
돈을 한 푼도 쓰지 않고 목을 축일 수 있었다.
정말 재미있었다!

dariable
인디애나 맥코즈빌
📑13 👍3

"거의 모든 사람이 무료 음료 이야기를 꺼냅니다. 아이들도요."

에케르트는 이 토크 트리거의 보편성이 도움을 준다고 했다.

"모두가 놀이기구를 타는 것은 아닙니다. 모두가 워터파크를 즐기는 것도 아니고요. 그러나 누구든 무언가를 즐기는 동안 마실 것이 필요합니다. 우리는 바로 그것을 사람들에게 제공하죠."

이 무료 음료 서비스가 수익 면에서 많은 손실을 안겨주는 것은 사실이지만 에케르트는 이 토크 트리거에 투자를 뛰어넘는 가치가 있다고 생각한다. 더구나 무료 음료는 홀리데이 월드의 정체성에 깊이 뿌리내려 이제는 폐지가 불가능한 상황이다.

베르네는 이렇게 덧붙였다.

"책임자들이 회의실에 둘러앉아 직원 투표를 하던 날이 생생하게 기억납니다. 저는 그날을 절대 잊지 못할 겁니다. 제가 사람들에게 말했죠. '명심하세요! 다시는 물릴 수 없습니다. 되돌릴 수 없는 결정이에요. 일단 시작하면 앞으로 계속해야 합니다.'"

그렇게 그들은 되돌릴 수 없는 서비스를 시작했다.

출장지에서 고객과의 저녁식사 행사를 여는 소프트웨어 업체

프레시북스^{FreshBooks}는 서비스 기반 사업자나 중소기업을 대상으로 하는 회계와 송장 작성 소프트웨어 업체로 고객은 대부분 배관공부터 IT 전문가, 디자이너, 회계사에 이르기까지 다양한 업계의 자영업자다.

이 회사는 공동설립자 마이크 맥더먼트의 부모님 집 지하에서 작은 규모로 출발했다. 성장하는 동안 이 회사는 회의나 행사를 진행하는 데 드는 출장비를 신중하게 쓰기로 했는데, 나중에 보니 고객들도 대체로 같은 생각이었다.

규모가 커져 회사 소유의 사무실을 보유하게 되자 맥더먼트와 직원들은 회의에 필요한 출장과 행사 마케팅에 투자하기 시작했다. 어느 날 출장 중이던 맥더먼트는 목적지인 뉴욕의 고객들에게 이메일을 보내 함께 저녁식사를 하자고 청하는 것이 좋겠다는 생각을 떠올렸다. 이 아이디어는 곧장 회사 프로그램으로 자리를 잡았다. 지금도 직원들은 출장지에서 고객과 함께 식사를 한다. 어떤 경우에는 100명 이상의 사업자가 모이는 대규모 저녁 모임이 열리기도 한다. 행사는 항상 프레시북스 직원이 주관하고 고객은 여기에 참여하는 데 전혀 비용이 들지 않는다. 이것은 고객을 한데 모아 공동체 의식을 높이는 방법이다.

맥더먼트는 이 프로그램의 유기적이고 자유로운 속성을 무척 좋아한다.

"항상 고객과의 저녁식사 모임이 열리고 있죠. 식사 모임을 전부 파악할 수도 없습니다. 때로 아시아나 남아프리카로 휴가를 가서 고객과 저녁 모임을 여는 직원들도 있습니다. 다른 사람들이 보면 미쳤다고 할 만한 일이죠."

고객과 함께하는 프레시북스의 저녁식사는 같은 지역에 있는 경영자들을 연계하는 데 도움을 준다. 중소기업 경영자에게 이런 기회는 흔치 않다. 이 모임을 바탕으로 프레시북스는 고객이 직면한 문제를 해결하도록 돕는 일련의 행사를 기획했다. 아이메이크어리빙^{imakealiving}

이라 부르는 이 행사는 북미 전역에서 열린다. 프레시북스는 이 행사에 작가, 강연가, 전문가 들을 초대하는데 참가비용은 무료다.

프레시북스가 이 행사를 기획한 동기는 고객 통찰에서 비롯되었다. 자영업자는 출장이 잦고 자기계발에 투자할 시간이 넉넉지 않다. 프레시북스 창업 초기에 같은 경험을 한 CEO 맥더먼트는 그런 상황을 잘 알고 있었다.

"어찌 보면 고립되어 있다는 느낌을 받죠. 그래서 우리는 다른 사람들이 어떻게 살아가고 있는지 솔직하게 있는 그대로 들을 기회, 꼭 아름답지만은 않은 이야기를 들을 기회를 제공하고 싶었습니다. 이 행사의 핵심은 지금 이곳에 있는 자영업자들의 현실을 중심으로 솔직한 대화를 나누는 것입니다. 같은 입장에 있는 사람들이 모여 서로의 이야기를 들음으로써 다시 배터리를 충전할 수 있는 기회죠"

참석자들은 이 행사를 소중한 기회로 여긴다.

프레시북스가 주최하는 저녁식사 행사는 고객의 유기적 성격을 반영하면서도 보다 조직화하고 확장이 가능하다는 특징을 보이고 있다. 이들 행사는 호감과 행복한 기억 외에도 프레시북스와 관련해 상당한 입소문을 낸다. 나아가 이 회사를 주요 경쟁자인 퀵북스^{QuickBooks}와 차별화하는 데 큰 역할을 한다.

우리는 앞에서 차별화 요소가 왜 주목할 만한 존재가 되어야 하는지 그 중요성을 이야기했다. 또한 우리는 홀리데이 월드와 프레시북스의 뛰어난 성과를 보며 토크 트리거에 관련성이 있어야 한다는 것

도 알게 되었다. 차별화 요소가 토크 트리거가 되는 데 필요한 세 번째 조건은 타당성이다. 이제 이 조건을 살펴보자.

TALK
TRIGGERS

CHAPTER 6

전략 3: 타당성

고객에게 의심받는 서비스는
오히려 '독'이다

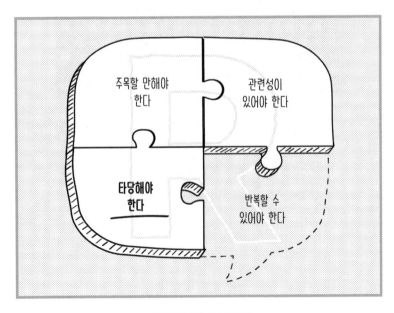

주목할 만해야
한다

관련성이
있어야 한다

타당해야
한다

반복할 수
있어야 한다

토크 트리거의 4가지 조건

"당신이 자동차를 받게 되었군요! 당신이 자동차를 받게 되었군요! 모두가 자동차를 받게 되었습니다!"

2004년 9월 13일 TV 프로그램 진행자 오프라 윈프리는 방청객 276명 전원에게 새 폰티악 G6 세단을 선물했다. 이 순간은 하나의 아이콘이자 오래 지속되는 밈으로 남았다. '당신이 자동차를 받게 되었군요!'는 미국 대중문화의 일부가 되어 웬디스^{Wendy's}의 '고기는 어디 있어?'나 버드와이저^{Budweiser}의 '왓츠업?^{Whaaasssup?}' 같은 유행어로 퍼져 갔다.

오프라의 폰티악 선물(실제로는 G6를 내놓기 위해 제너럴 모터스가 기획하고 자금을 지원한)은 대화를 촉발했을까? 당연하다. 이 일은 4,000회의 '오프라 쇼' 사상 오프라 자신이 선정한 가장 기억에 남는 순간 목록 4위에 올라 있다. 왜 아니겠는가? 자동차는 스튜디오에 앉아 손짓에 따라 박수를 치기만 하면 되는 방청객에게 제공하는 선물로는 너무 크지 않은가!

당신은 오프라가 아니다. 그녀는 자동차 몇백 대를 나눠주었으나 사람들의 회의적인 반응은 거의 나오지 않았다(방청객이 '무료' 폰티악에 7,000달러의 세금을 내야 한다는 사실에 충격을 받기는 했어도). 이는 오프라가 그 어떤 브랜드보다 깊이 신뢰를 받고 경품을 넉넉히 나눠주는 한편 꾸준히 기부하면서 만들어온 패턴 때문이다. 설령 오프라가 "여러분 모두 투명망토를 받게 되었습니다."라고 말해도 여기에 의심을 품을 사람은 없을 것이다.

반면 당신과 고객, 잠재고객, 팬 사이에 오랜 기간 축적한 신뢰가 없는 상황에서 대화를 촉발할 정도로 규모가 큰 차별화 요소를 도입할 경우 실패를 각오해야 한다. 진짜라고 하기엔 너무 좋은 것을 보면 고객은 의심을 품는다. 그럴 때 진짜가 아닌 경우가 많다는 것을 배워왔기 때문이다.

이게 무슨 말이냐고? 한마디로 토크 트리거는 단순하고 타당해야 한다. '타당해야 한다.'는 것은 차별화 요소가 토크 트리거가 되기 위한 세 번째 기준이다.

당신이 찾아야 하는 것은 기온이 적당한 '골디락스 존*'이다. 대화의 촉매 역할을 할 정도로 주목할 만하면서도 신뢰할 만큼 타당한 토크 트리거를 찾아야 한다는 말이다. 실제 대화에서 어떤 사람이 당신의 토크 트리거를 듣고 "대단한데!"라고 말한다면 올바른 방향으로 가고 있는 것이다. 반대로 그 사람이 "말도 안 돼. 그럴 리가 없어!"라고 말하면 타당성과 의심 사이에서 갈팡질팡한다는 의미다. 당신이 지나친 약속을 하거나 소비자가 당신이 지나친 약속을 한다고 받아들이면 홍보나 광고 참여율이 저조해질 뿐 아니라 장기적으로 브랜드의 신뢰를 약화하는 부작용을 낳는다.

우리는 이 책에서 다룬 모든 연구 사례에서 타당성 테스트를 강조

---

*Goldilocks Zone, 지구상의 생명체가 거주하기에 적합한 우주 공간을 뜻하는 말로, 여기에서는 차별화 요소가 토크 트리거가 되려면 사람들이 심리적으로 의심하지 않고 자연스럽게 받아들일 수 있는 범주 안에 있어야 한다는 의미다.

한다. 토크 트리거에 거금을 쏟아부을 필요는 없다. 사람들의 대화를 촉발하기 위해 오프라가 될 필요는 없다는 얘기다. 물론 더블트리는 매년 '수백만 개' 쿠키를 나눠주는 데 많은 돈을 쓴다. 하지만 이 브랜드가 입소문으로 누리는 성공에 비하면 쿠키에 투자하는 돈의 단가는 극히 미미하다. 고객이 쿠키를 보면서 '무슨 꿍꿍이지?'라고 생각하지는 않는다. 눈에 띄기는 해도 신뢰를 논할 대상은 아니기 때문이다. 단순하고 영리한 모든 토크 트리거도 마찬가지다. 우리는 또 다른 그레듀에이트 호텔에서 이러한 토크 트리거를 발견할 수 있다.

지역 대학 출신의 유명인사 학생증이
호텔 카드키

2014년 창립한 그레듀에이트 호텔은 단 4년 만에 11개 호텔 체인을 열었고 지금도 여러 개의 호텔이 개장을 준비하고 있다. 특이하게도 그레듀에이트 호텔은 모두 전체 인구는 비교적 적지만 대규모 고등교육기관이 있는 '대학가' 도심에 인접해 있다.

예를 들어 제이 배어는 인디애나주 블루밍턴(인구 8만 6,000명)에 살고 있는데 그곳 인구의 약 4만 5,000명이 인디애나대학교 학생과 교직원이다. 블루밍턴은 그레듀에이트 호텔이 들어서기에 완벽한 도시로 2018년부터 실제로 호텔을 오픈해 운영 중이다. 이 호텔은 조지

아, 미시간, 캘리포니아-버클리, 버지니아, 네브래스카 같은 대학 캠퍼스 인근에 있으며 각 호텔은 지역 대학 분위기를 풍기고 있다.

모든 그레듀에이트 호텔은 인근 대학 특유의 역사, 문화, 전통, 규범, 요리법, 절차를 반영하기 위해 노력하고 있다. 그들이 주의를 기울여 꾸민 객실과 공용 공간 인테리어는 영화감독 웨스 앤더슨의 영화에 발을 들인 듯한(긍정적 의미에서) 느낌을 준다.

2017년 〈Inc.〉 지가 디자인상을 수여한 이 브랜드는 디자인에 얼마나 세심하게 신경 쓰고 있을까? 버클리에 있는 그레듀에이트 호텔 로비에는 9,000건의 〈내셔널 지오그래픽〉 과월호가 진열되어 있다. 이 출판물의 특징인 노란 색조가 캘리포니아대학교 버클리캠퍼스 팀 색상과 정확히 들어맞아 전시물로 택한 것이다. 버지니아대학교를 주제로 삼은 샬러츠빌 그레듀에이트 호텔은 호텔 로비 바닥이 테니스 코트로 꾸며져 있다. 이는 이 지역의 전설적 인물인 테니스계의 거장 아서 애시에게 보내는 경의의 표시다.

이런 소소한 부분이 합쳐지면 유별나고 특이하면서도 멋진 작품을 이룬다. 이것은 우연이 아니다. 이 회사 창립자 벤 웨프린은 이렇게 말한다.

"우리는 명백하고 빤한 것은 하지 않습니다."

이 특이성에는 장점도 있지만 단점도 있다. 이 브랜드가 입소문 측면에서 안고 있는 문제는 호텔들이 지점마다 서로 완전히 다르다는 데 있다. 버지니아에서는 테니스 코트가 스토리를 만들지만 다른 곳에서는 그다지 큰 이야깃거리가 아니다. 이에 따라 그레듀에이트 호텔은 각 호텔의 지역 색채를 존중하면서도 상당히 일관성 있고 현실적인 토크 트리거를 만들었다.

이 브랜드 전체를 아우르는 토크 트리거는 바로 객실 열쇠다.

복고풍 매력의 금속 열쇠를 쓰는 구식 여관을 선택한 것이 아니라면, 그레듀에이트 호텔을 포함해 어느 호텔에서든 고객은 으레 플라스틱 카드키를 받는다. 신용카드 형태의 이 출입증은 일회용에 맞먹을 만큼 가격이 저렴하다. 카드키 앞면에는 보통 그 호텔의 브랜드 로고가 찍혀 있다. 대형 호텔의 경우 대규모 컨퍼런스가 있으면 해당 행사 로고가 찍힌 특별한 카드키를 만들기도 한다.

그런데 그레듀에이트 호텔은 주목할 만한 옵션을 선택했다. 카드 키 앞면을 인근 대학 유명 졸업생의 학생증처럼 보이게 만든 것이다. 정말 눈부신 아이디어가 아닌가!

조지아대학교 인근에 있는 그레듀에이트 호텔의 카드키에는 오랫동안 '인사이드 NBA$^{Inside\ the\ NBA}$'를 진행한 스포츠 방송 진행자 어니 존슨 2세와 현역 시절 '인간 하이라이트 필름$^{Human\ Highlight\ Film}$'으로 불리고 NBA 명예의 전당에 입성한 도미니크 윌킨스 등의 학생증이 있다.

스포츠 전문지 〈스포츠 일러스트레이티드〉는 2019년 이 카드키를 트윗했다. 이것은 분명 입소문 전파에 큰 도움을 줄 것이다!

ESPN 대학농구 분석가 제이 빌라스도 트위터에서 이 카드키를 칭찬했다. 미시시피대학교 인근의 그레듀에이트 호텔에서 그가 받은 카드키는 미시시피대학교의 전 쿼터백이자 훌륭한 NFL 선수 페이튼 매닝, 일라이 매닝과 형제이기도 한 쿠퍼 매닝의 학생증이다. 쿠퍼 매닝이 현재 이 호텔을 소유한 AJ 캐피털 파트너스$^{AJ\ Capital\ Partners}$의 투자자 대표라는 것은 우연이 아니다.

이 카드키는 여러 신문과 웹사이트에서 수십 차례 언급했고 트립어드바이저에 올라온 이 호텔 리뷰도 상당수가 이 카드키를 이야기하고 있다.

그레듀에이트 호텔은 단순하면서도 흔하고 평범한 것을 타당성 있는 이야깃거리로 만들어 전혀 다른 것으로 바꿔놓았다. 이것은 대화를 유발하는 차별화 방식의 좋은 사례다.

하지만 굳이 달라질 필요조차 없을 때도 있다. 단지 조금 더 많기만 해도 된다. 미국에서 큰 사랑을 받는 버거·프라이 가게 파이브 가이스 엔터프라이즈^{Five Guys Enterprises}의 토크 트리거가 바로 그렇다.

뗏목을 만들어도 될 만큼
프라이를 넘치게 담아주는 햄버거 가게

이것은 광적인 추종자를 낳은 선택이었다.

제리 머렐과 제니 머렐은 네 아들에게 말했다.

"창업을 하든지 대학에 가라."

네 아들은 전자를 선택했고 1986년 버지니아주 알링턴군에서 포장 판매를 전문으로 하는 햄버거 레스토랑을 열었다. 2001년 또 다른 형제가 태어나면서 파이브 가이스 엔터프라이즈는 워싱턴 D.C. 도심에 5개 지점을 열었다.

2003년 가맹 사업을 시작한 파이브 가이스는 2006~2012년까지 796%라는 엄청난 성장을 기록했다. 결국 미국에서 가장 빠르게 성장하는 레스토랑 브랜드가 된 이 회사는 2012년 기준 미국과 캐나다에 1,039개의 체인점을 열었다.

이들이 이토록 빠르게 성장한 비결은 무엇일까? 이 체인점은 고객 경험에 맹목적으로 헌신했고 여기에다 계속 반복할 수 있는 단순한 영업 방식과 차별화 노력도 한몫했다.

토크 트리거가 있는 많은 업체와 마찬가지로 파이브 가이스는 광고를 거의 하지 않으며 그렇게 절약한 마케팅비용을 미스터리 쇼퍼 프로그램에 사용한다. 즉, 고객을 가장한 사람들이 정기적으로 지점을 방문해 품질과 공정을 잘 유지하는지 확인하는 것이다.

파이브 가이스는 메인 메뉴 종류가 적고 사이드 메뉴도 손으로 자른 프렌치프라이 하나밖에 없어서 음식과 서비스에 일관성을 유지하기가 쉽다. 또 모든 가맹점에 코카-콜라 프리스타일 기계를 설치해 고객이 자기만의 청량음료를 만들어 먹도록 하고 있다. 더구나 맥주와 감자를 얼리지 않아 신선하고 정확하게 조리가 이뤄진다.

이 브랜드는 버거로 유명하지만 사실 채드 머렐은 프라이가 더 중요하다고 말한다. 여기에는 DIY의 여지가 없기 때문이다.

"버거는 집에서 만들어 먹을 수 있습니다. 하지만 프라이는 최고 재료를 구입하고 우리의 방식을 쓰지 않는 한 우리처럼 만들 수 없습니다. 이건 단순히 신선한 감자로 해결할 수 있는 문제가 아닙니다."

파이브 가이스는 감자를 대단히 신중하게 고른다. 각 레스토랑에는 현재 사용하는 감자 공급자와 공급 지역을 홍보하는 안내판이 있다. 사용하는 치즈를 만든 장인이 누구인지 설명하는 고급 레스토랑처럼 프렌치프라이의 원산지를 알리는 것이 우스꽝스럽게 여겨질지도 모르겠다. 그러나 파이브 가이스에서 프라이는 무엇보다 중요한 문제다.

소금과 케이준 소스 2가지 맛으로 판매하는 파이브 가이스의 프라이는 대단히 뛰어나다는 평판을 얻고 있다. 프렌치프라이를 특별히 좋아하지 않는 사람도 파이브 가이스의 프라이는 언급하지 않고 넘어갈 수가 없다. 그들의 토크 트리거가 추가로 제공하는 프라이이기 때문이다.

파이브 가이스에서 프라이의 양은 대중소로 나뉘는데 '소'를 주문하면 '대'라고 표현할 수밖에 없는 프라이를 받는다. '중'을 주문하면

"와, 프라이가 정말 많네."라는 말이 절로 나온다. 그럼 '대'는 어떨까? 고등학교 하키팀이나 한 무리의 광부를 모두 먹일 수 있을 만큼 터무니없이 많다. 이 회사가 제공하는 프라이의 양은 트위터에 단골 이야기로 등장한다.

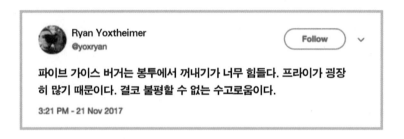

이 토크 트리거의 특별함은 프라이를 담아주는 용기의 크기가 관례나 기대보다 크지 않다는 데 있다. 프라이를 담는 용기는 보통 크기다. 그런데 파이브 가이스 직원들은 그 용기가 넘치도록 '보너스 프라이'를 잔뜩 얹는다. 음식이 담긴 봉투를 열면(가게에서 먹든 포장해서 가져가든 모든 음식은 갈색 종이봉투에 담아주는데, 이는 토크 트리거를 만드는 데 효과적이다) 버거를 싼 알루미늄 호일 위아래를 프렌치프라이가 둘러싸고 있다.

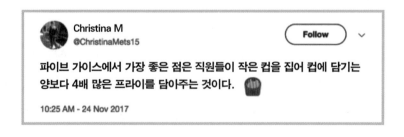

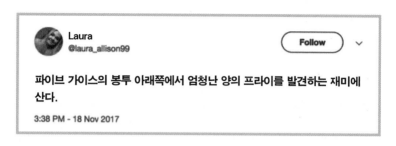

이것은 과학과 거리가 멀지만 일관성 있고 타당한 토크 트리거다. 원래 직원들은 정해진 양의 보너스 프라이를 담아야 하지만 실제로 추가하는 양이 그보다 늘어나는 경우가 잦다. 정말로 아주 많다. 채드 머렐은 이렇게 말한다.

"굳이 이름을 말하지는 않겠지만 다른 점포에서는 프라이를 충분히 제공하지 않습니다. 우리는 항상 한 번 더 담죠. 저는 양껏 채워 손님이 돈의 가치를 확실히 누리도록 하라고 말합니다."

머렐에 따르면 일부 고객은 '너무 많은' 프라이를 꺼린다고 한다.

"저는 남은 프라이로 해시 브라운을 만들라고 말해줍니다. 그리고 매니저들에게 사람들이 불평하지 않으면 프라이를 충분히 제공하지 않는 것이라고 가르치지요."

호텔 투숙객은 모두 카드키를 받고 햄버거 가게 손님은 대부분 프라이를 주문한다. 그런데 그레듀에이트 호텔과 파이브 가이스는 다른 선택을 했다. 그들은 대다수 경쟁사가 평범하고 중요하지 않다고 여기는 것 중 일부를 뚜렷이 구별이 가는 것, 이야깃거리가 될 만큼 다른 것으로 만들었다.

세스 고딘이 《보랏빛 소가 온다》에 썼듯 "'왜 안 돼?'라는 질문을 하라. 당신이 하지 않는 거의 모든 것에는 하지 않을 특별한 이유가 없다." 호텔이 카드키로 대화를 유발하지 않을 특별한 이유는 없다. 햄버거 가게가 보너스 프라이로 대화를 유발하지 않을 특별한 이유는 없다. 다만 일반적으로 하지 않는 일일 뿐이다. 여기에 소개한 브랜드들은 "왜 안 돼?"라고 자문했고 매일 그 질문이 안겨주는 보상을 받고 있다.

그렇다고 그들의 조치가 대단한 것은 아니다. 주문 제작한 카드키 비용은 객실 가격에, 푸짐한 프라이(보너스 음식을 포함한)는 메뉴 가격에 반영되어 있다. 이 모든 것은 '모두가 자동차를 받게 되었습니다!' 같이 큰일이 아니다. 그저 행동으로 옮긴 작은 변화가 엄청난 대화를 이끌어내고 있는 것이다.

그레듀에이트 호텔과 파이브 가이스의 토크 트리거에서 가장 중요한 요소는 누구나 거기에 접근할 수 있다는 점이다. 호텔에 투숙하는 모든 고객은 재기 넘치는 카드키를 받는다. 프라이를 주문한 모든 고객은 뗏목을 만들어도 될 만큼 프라이를 받는다. 또한 이것은 특가품이나 비밀 악수*, 주말 판촉 행사가 아니다. 이들 토크 트리거는 다른 모든 토크 트리거와 마찬가지로 한결같이 꾸준히 적용된다.

---

* secret handshake, 어떤 집단이 구성원의 친목 도모를 위해 사용하는 특별한 악수법.

이제 차별화 요소가 토크 트리거가 되기 위해 충족해야 하는 마지막 조건을 이야기할 차례다. 이 네 번째 조건은 바로 반복할 수 있어야 한다는 것이다. 그것이 왜 중요한지 마법 같은 사례들과 함께 살펴보자.

전략 4 : 반복성
모두에게 매일,
똑같이 반복하라

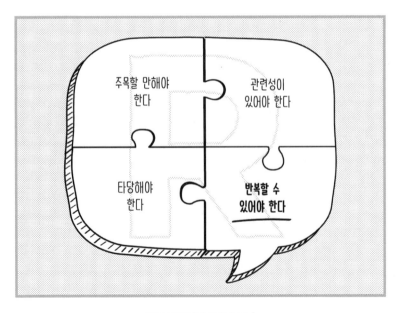

토크 트리거의 4가지 조건

깜빡하고 호텔에 물건을 놓고 돌아온 뒤 그것을 찾기 힘들 거라며 체념해본 적이 있는가? 한 어린이 손님이 리츠 칼튼^{Ritz-Carlton} 호텔에 묵었다가 실수로 기린 인형 '조시'를 챙기지 않고 집으로 돌아가자 직원이 그 인형을 집으로 보내주었다. 그들은 인형을 보내기 전 조시가 스파를 비롯해 멋진 휴가를 즐기는 장면을 사진으로 찍어 함께 보냈다. 아마 입소문을 탄 그 사진을 보았거나 비슷한 이야기를 들어본 적이 있을 것이다.

이 사건의 뒷이야기를 들어보면 이러했다. 아이 아빠는 실망스러워하는 아이를 "조시는 아직 휴가를 즐기고 있단다."라는 말로 달랜 뒤 호텔에 연락해 그 상황을 설명하고 인형을 보내줄 것을 부탁했다. 그러자 호텔 측은 기린 인형 조시가 수영장 선베드에 누워 있는 장면과 스파에서 마사지를 받는 장면 등을 찍어 인형과 함께 보내주었다.

마케팅에는 소셜미디어가 부추긴 트렌드가 하나 있는데 그것은 기업이 고객을 위해 무언가 특별한 것을 함으로써 관심을 받는 일이다. 그런 목적으로 기획한 것을 소셜미디어 커뮤니티에서 '기분 좋은 놀라움(surprise and delight)'이라고 부른다. 대개는 트위터나 페이스북에서 고객을 찾은 다음 그 단일 상황에 놓인 1명의 고객을 위해 '마법의 순간'을 만든다.

예를 들어 작가이자 기업가인 피터 생크먼^{Peter Shankman}이 스테이크를 먹고 싶다는 트윗을 올리자 모튼스 더 스테이크하우스^{Morton's The Steakhouse}는 공항에 있는 그에게 스테이크를 가져다주었다.

이처럼 훈훈한 이야기가 전해지면 브랜드를 입에 올리는 사람이 대폭 늘어난다. 감동적인 이야기를 공유하는 것(개인적으로 그 이야기와 관련이 없어도)이 마치 이용 조건인 것처럼 보이는 소셜미디어에서는 더욱더 그렇다. 이러한 이야기는 고객 경험과 별로 관련이 없는 책, 강연, 단막극, 시, 인형극에서도 거의 의무처럼 고객 응대 모델로 인용한다. 당신이 읽고 있는 이 책은 예외지만 말이다. 왜 그럴까? 그 이유는 우연히 나타나는 모든 차별화 요소는 입소문 전략이 아닌 떠들썩한 홍보 활동이기 때문이다.

기분 좋은 놀라움을 안겨주려는 인터넷상의 무수한 활동 중 기린 인형 같은 효과를 내는 것은 얼마나 될까? 거의 없다.

입소문이 난 것 중에서도 이런 활동이 브랜드에 꾸준히 영향을 주는 경우는 아주 적다. 일시적으로 브랜드 호감도를 높일 수는 있어도 곧 힘을 잃는다. 이야기는 사랑스럽지만 우리와 직접 연관될 가능성이 없어서다. 그것은 우리에게 일어난 일이 아니며 우리가 리츠 칼튼에 갔을 때 일어날 일이 '아니라는 것'도 우리는 안다.

기분 좋은 놀라움의 문제는 하나의 상황에서 한 사람에게 한 번 일어나는 놀라운 일이라는 데 있다. 즉, 꾸준히 대화를 이끌어내는 운영상의 선택이 아니라 단지 마음이 끌려서 직원(혹은 직원들)이 특별한 일을 한 것뿐이다. 기린 인형의 여행은 무작위로 발생한 친절한 행동인 반면 토크 트리거는 매일 실행이 가능한 전략적 선택이다.

토크 트리거는 매번 모든 고객에게 제공해야 한다. 전체적으로 볼

때 모두가 접할 수 있는 그런 차별화 요소의 효과가 훨씬 더 크다. 그
것은 모두가 경험할 수 있기에 우리(혹은 우리가 아는 누군가)가 주인공
인 이야기다.

리서치 업체 가트너^{Gartner}의 부사장 제이크 소로프먼은 이렇게 지적
한다.

"고객 경험이라는 게임에서는 언제나 일관성이 즐거움을 뛰어넘
습니다."

우리는 일관성이 즐거움을 뛰어넘을 뿐 아니라 고객에게 만족감을
준다(적어도 만족감을 줄 잠재력이 있다)고 믿는다. 이 점은 비행기 탑승 과
정에 극명하게 드러난다. 미국 항공사들은 비행기에 우스울 정도로
많은 새로운 '구역^{zones}'을 추가하고 있다. 자주 비행하는 사람들을 지
원하고 위로하려는 목적이겠지만 탑승자를 지나치게 분류하는 것은
(아메리칸 에어라인^{American Airlines}에는 현재 모든 비행기에 8가지 탑승 구역이 있다) 유
모차, 아이스백, 각종 표류 화물과 표착 화물 뒤를 이어 맨 마지막으
로 비행기에 오르는 탑승객에게 기분 좋은 경험일 리 없다.

그 탑승 과정이 토크 트리거일까? 절대 아니다. 만약 당신이 아홉
번째 그룹에 속한다면 이는 이야기를 전할 만큼 즐거운 스토리일 리
가 없다.

로빈 필립스와 공저자들은《열정 대화》에서 일관성의 중요성을 설
명한다.

"모든 기업의 목표는 보이지 않는 입소문 마케팅을 만드는 것이어

야 한다. 이것은 기업이 단 하루가 아닌 매일 사업을 하는 방식에서 나와야 한다."

토크 트리거가 되려면 그리고 하루가 아니라 매일 회사에 긍정적인 영향을 주려면 차별화 요소가 반드시 반복할 수 있는 것이어야 한다. 그 대상은 무작위로 선택한 고객도, VIP도 아니며 모든 고객이어야 한다.

반복할 수 있는 토크 트리거의 성격을 압축해서 보여주는 전형적 사례는 마술사 듀오인 펜 앤 텔러^{Penn & Teller}의 팬서비스다. 펜 앤 텔러의 이야기는 뜻밖의 사례일지도 모르지만 그들이 직업상 뜻밖의 일을 한다는 사실을 생각하면 그리 놀라운 일도 아니다. 그들의 토크 트리거는 무엇일까?

매 공연 후 공짜 팬 미팅으로
관객을 사로잡은 마술사

네바다주 라스베이거스는 마술의 도시로 긱샐러드^{GigSalad} 웹사이트에는 마술사로 활동하는 사람이 330명 이상 등록되어 있다. 이들은 전화만 하면 파티에서 다양하고 신기한 공연을 해준다. 이 도시의 카지노와 나이트클럽 등지에서 초대형 마술을 하는 고급 마술사도 20명 정도 더 있다.

이들 중에서도 펜 앤 텔러는 여러 방면에서 두드러진다.

첫째, 그들은 듀오다. 키가 크고 과장스런 말과 행동을 보여주는 펜 질레트는 과거 저글러로 활동했다. 그가 관객 앞에서 보여주는 공격적인 페르소나는 특이하고 자신만만한 스타일의 마술에 쓰인다. 작은 체구로 능란한 손재주를 선보이는 레이먼드 텔러는 무대 위에서 사람들에게 들릴 정도로 말하는 법이 없다.

둘째, 질레트는 종종 매우 재미있고 신랄한 이야기를 들려준다. 유머와 마술을 혼합한 그들의 공연은 관객 중에서도 어른에게 더 적합하다.

셋째, 이 듀오에게는 마술 공연 외에도 여러 TV 시리즈 출연, 책 저술, 브로드웨이 공연 이력이 있다.

넷째, 두 사람은 대단히 놀라운 일관성과 지속성을 보여주고 있다. 2014년 펜 앤 텔러는 같은 라스베이거스 카지노에서 가장 오랫동안 활동한 주역이 되었다. 이들은 리오 호텔 앤 카지노에서 1993년부터 공연을 펼쳤는데 이것은 지금까지 이어지고 있다.

하지만 펜 앤 텔러를 진짜 이야깃거리로 만드는 것은 다섯째 차별화 요소다. 그들은 6,000회가 넘는 매 공연에서 그 일을 실행했는데 이는 아주 간단하지만 라이브 공연계에서는 극히 드문 일이다.

펜 앤 텔러의 토크 트리거는 무엇일까? 이들은 팬들과 직접 만난다! 공연이 끝나고 객석에 조명이 들어오면 1,200명의 관객은 줄지어 극장 밖으로 나간다. 역시 공연을 마치고 극장 중앙 통로로 서둘러 올라간 펜 앤 텔러는 관객 하나하나와 인사할 준비를 하고 입구에서 기다린다.

그들은 관객을 1명이라도 더 만나기 위해 둘로 나뉘어 마지막 관객이 떠날 때까지 악수를 하고 셀카를 찍고 질문에 답을 한다. 텔러는 팬들과 이야기를 나누기도 한다. 무대에서 거의 말을 하지 않는 그에게 이야기를 듣는 상황은 사람들에게 놀라움을 선사한다.

라스베이거스의 다른 공연(마술을 포함해)에서는 보통 모든 종류의 사진 촬영을 '금하며' 공연자와 직접 만날 기회를 얻으려면 별도로 많은 비용을 지불해야 한다. 질레트는 〈로스앤젤레스 타임스〉와의 인터뷰에서 이렇게 말했다.

"그것을 팬미팅이라고 부르는 것에 조금은 화가 납니다. 체계화한 것도 아니고 요금도 받지 않으니까요. 그저 우리와 얘기하고 싶어 하는 사람들이 우리와 대화하는 것뿐입니다. 다른 공연에서는 사람들이 몇백 달러를 내고 무대 뒤로 가죠."

사실 대규모 일루전 마술을 하는 데이비드 코퍼필드의 경우 MGM 그랜드 카지노 공연 후 팬미팅 가격이 100달러에 이른다. 악수하고 사인을 받고 사진을 촬영할 경우 별도로 40달러를 더 내야 한다. 트립어드바이저에 '팬미팅 티켓을 구매하지 말라.'는 경고 리뷰가 올라오는 것도 놀랄 일은 아니다. 코퍼필드가 손님 1명에게 할애하는 시간은 고작 10초 정도인데, 추가로 값비싼 사진 촬영이나 상품을 구매하도록 유도하기 때문이다.

이 토크 트리거를 주목할 만하게 만드는 것은 무료라는 사실보다 반복할 수 있다는 점이다. 모든 공연이 끝난 뒤 이런 대화를 하는 데 추가로 티켓을 구매할 필요는 없으며 관객은 모두 공연자와 상호작용이 가능하다. 토요일이나 휴일에만 이러한 자리를 마련하는 게 아니다. 6,000회 이상 이어진 모든 공연에서 두 사람은 팬과 만났다. 반면 100달러짜리 코퍼필드와의 팬미팅은 오직 토요일에만 있다.

펜 앤 텔러의 모든 공연은 물론 이어지는 관객과의 상호작용은 이야기를 촉발한다. 이와 관련해 수천 장의 사진과 소셜미디어 포스팅이 있고 웹사이트에는 수백 건의 리뷰가 올라와 있으며 수십 건의 블로그 포스팅도 있다. 오프라인 대화 역시 대단히 강력하다. 그들의 공연을 2번 본 제이 배어는 라스베이거스에 가는 최소한 25명에게 펜 앤 텔러가 공연 후 팬과 만나는 시간을 언급했다. 코퍼필드의 공연 리뷰와 달리 펜 앤 텔러에 관한 리뷰는 항상 공연 후의 소통을 극찬한다.

'멋진 공연이었다!'

◉◉◉◉◉ 2016년 5월 3일 리뷰

펜 앤 텔러는 멋진 공연을 보여주었다! 마술과 코미디의 조합은 그들을 다른 마술사들과 차별화했다. 그들이 공연 후 팬미팅에 성의 있게 임하는 것도 정말 좋았다.

Heather_S...
미국 메릴랜드 컬럼비아

Level ① Contributor

Ⓐ 4 reviews

Ⓓ 1 helpful vote

Helpful?   ▮ Thank Heather_S07

관객은 펜 앤 텔러 역시 관객과의 만남을 즐긴다고 확신한다. 코퍼필드의 의무적이고 값비싼 악수나 셀카와 달리 펜 앤 텔러는 시간을 할애해 팬들과 진정으로 소통하기 때문이다. 펜은 이렇게 말한다.

"정말 좋아하는 일이라서 하는 거죠. 무대 뒤 공간이 없는 필라델피아 극장에서 일할 때부터 시작한 일입니다. 당시에는 공연 전후 우리가 머물 수 있는 공간이 로비뿐이었습니다. 로비로 나온 관객이 우리와 이야기를 나누곤 했는데 그건 정말 멋진 경험이었어요. (…) 우리는 전 세계에서 온 사람들을 만납니다. 정해진 절차도 없고 줄을 서지도 않습니다. 관객이 나오기 전에 우리가 먼저 극장을 빠져나와 로비를 서성이면 관객들이 다가옵니다. 관객은 사인이든 뭐든 원하는 대로 할 수 있지요. 그래서 저는 언제나 마커 펜을 가지고 다닙니다. 사진을 원하면 사진도 같이 찍죠. 저는 셀카의 달인입니다."

텔러가 물었다.

"왜 다른 사람들은 이렇게 하지 않을까요?"

우리도 정말 궁금하다.

펜 앤 텔러의 관객들은 사인과 셀카와 풍성한 이야깃거리를 얻어 간다. 포르투갈 리스본에 있는 클루베 데 조르날리스타스^{Clube de Jornalistas}에서 식사를 한 사람들도 이야깃거리를 얻지만 그곳 이야깃거리는 펜 앤 텔러와는 좀 다르다. 여하튼 그곳 이야기를 촉발하는 선물 역시 반복할 수 있는 것이다.

단골손님 선물로
대박 입소문을 낸 식당

클루베 데 조르날리스타스는 '저널리스트 클럽'을 뜻하는 말로, 이곳은 지역 사람들이 편하게 즐길 수 있는 안식처다. 회원가입을 하거나 암호가 있어야 이 레스토랑에서 식사할 수 있는 것은 아니지만 이곳은 실제로 저널리스트 클럽 역할을 하고 있다. 이를 증명하듯 도시의 많은 정치인, 외교관, 작가, 기업체 간부 들이 이곳을 찾는다. 18세기에 지어진 클루베 데 조르날리스타스는 넓은 정원을 갖춘 매력적인 레스토랑으로 이곳에서는 도시 한가운데라는 것을 잊고 조용히 식사를 즐길 수 있다.

음식만큼이나 배경도 기억에 남지만 우리가 앞서 보았듯 운영상의 탁월함만으로는 대화를 촉발하기 어렵다. 더구나 리스본 같이 유서 깊고 부산한 도시에는 각양각색의 매력을 뽐내는 훌륭한 레스토랑이 가수 크리스티나 아길레라가 바꿔 입는 의상만큼이나 흔하다. 리스본에서는 '색다르고 진기한' 것이 레스토랑의 최소 진입 조건이다.

클루베 데 조르날리스타스는 뛰어난 음식, 서비스, 분위기 등 기본에 충실하기 위해 노력하지만 토크 트리거에는 다른 접근법을 취한다. 비록 트립어드바이저에서는 이 레스토랑을 리스본에 있는 전체 3,988개 식당 중 20위로 평가하고 있으나 그들은 입소문에 기능 이상의 것이 필요하다는 것을 알고 있다. 사실 입소문에는 촉매가 필요하다. 이 레스토랑의 공동 소유주 루이자 토레스 브랑코가 말했다.

"우리는 손님을 맞이하는 방식부터 식당에 있는 동안의 경험, 손님이 식당을 나서는 순간까지 모든 것을 특별한 일로 생각합니다."

셰프 이반 페르난데스는 이 레스토랑을 설립한 직후부터 단골손님이 식당을 나설 때 제공할 작은 선물을 고안했다. 레스토랑을 기억하고 더 바람직하게는 대화를 만들어내길 바라는 마음을 담은 성의 표시였다.

반복할 수 있는 토크 트리거로 페르난데스가 처음 시도한 것은 손님에게 재사용이 가능한 면 소재의 쇼핑백을 나눠주는 것이었다. 레스토랑 로고가 찍힌 이 쇼핑백은 고객이 시내에서 볼일을 볼 때 사용하기 때문에 가시성이 높고 장기적인 가치도 있다. 브랑코가 말했다.

"쇼핑백은 손님들에게 대단히 유용합니다. 손님이 대부분 여행 중이고 여행을 하다 보면 쇼핑도 하게 마련이라 특히 더 유용하죠."

그다음 시도는 손님에게 가방에 다는 네임택을 지급하는 것이었다. 클루베 데 조르날리스타스에서 식사하는 손님이 대부분 여행이 잦은 사람들이라는 점을 고려하면 괜찮은 접근법이었다.

쇼핑백과 수하물용 네임택은 알찬 토크 트리거였으나 레스토랑이 기대한 만큼 많은 대화를 이끌어내지는 못했다. 유용한 증정품일 뿐 특이하지도, 뜻밖의 것도 아니었기 때문이다. 다행히 세 번째 토크 트리거는 손님들에게 잠재된 입소문 역량을 끌어냈는데 여기에 필요한 것은 약간의 작은 물고기가 전부였다.

클루베 데 조르날리스타스의 손님들은 간혹 정어리를 요청한다. 정어리는 포르투갈 사람들이 여름철에 꽤나 즐기는 음식으로 특별히 이상한 요구는 아니었다. 6월 포르투갈에서 열리는 성인의 날 축제의 공식 요리가 정어리일 정도다.

정어리는 어디서나 접할 수 있는 음식이지만 클루베 데 조르날리스타스는 정어리 요리를 제공하지 않으며 과거에도 제공한 적이 없다. 페르난데스는 정어리가 너무 흔해 레스토랑에 그리 흥미로운 식재료가 아니라고 생각했다. 그런데 이 레스토랑에 정어리 요리가 없음을 알고 실망하는 손님이 생기자 브랑코는 새롭고 강력한 입소문 유발 장치를 내놓는 동시에 실망한 손님들을 달래주었다.

◯◯◯◯◯ 2016년 3월 12일 리뷰

리스본에서의 첫 식사

조셉 S.
보스턴
🗍10 👍4

우리는 라파 83에서 몇 블록을 걸어간 뒤 만난 식당에서 인생 최고의 식사를 했다. 대구와 문어 요리가 정말 좋았고 여러 가지 달콤한 디저트는 사악할 정도로 맛있었다. 사장 루이자와 직원들은 대단히 친절하고 싹싹했다. 보너스로 그들은 식당을 나오는 우리에게 정어리 캔을 선물했다!

현재 이 레스토랑의 모든 손님은 식당을 나갈 때 정어리 캔을 받는다. 정어리를 좋아하지 않는 손님은 쇼핑백이나 수하물용 네임택을 선택할 수 있다. 아무튼 이 정어리는 고객들의 대화를 유발하고 있다.

생일에만 정어리를 받는 것이 아니다.

다섯 번째 방문했을 때만 정어리를 받는 것이 아니다.

100유로를 내야 정어리를 받는 것이 아니다.

어느 때나 정어리를 받는다. 이 차별화 요소는 모두에게 제공한다.

지역 잡지의 종이로 포장한 정어리 캔

'저널리스트 클럽'이라는 이 레스토랑의 이름을 더 강하게 인식하도록 정어리 캔은 지역 잡지의 종이로 포장한다.

* * *

지금까지 우리는 전략적으로 개발한 영업상의 차별화 요소가 토크 트리거가 되기 위해 충족해야 하는 4가지 조건을 살펴보았다. 요약해보면 4가지 차별화 요소는 다음과 같다.

1. 그저 좋은 것에 그치지 않고 **주목할 만한 것**이어야 한다.
2. **관련성**이 있고 핵심 사업과 연관된 것이어야 한다.
3. **타당성**이 있어야 하며 고객이 의심할 만큼 거창해서는 안 된다.
4. 매번 모든 고객에게 적용하고 **반복할 수 있는 것**이어야 한다.

이어지는 파트 3에서는 토크 트리거의 5가지 다른 유형을 논의한다. 이 5가지 대화 유발 수단은 차별화 요소로 이끌어낼 수 있는 것이다. 그 각각이 어떻게 작용하는지, 당신 브랜드와 어울리는지(혹은 어울리지 않는지) 이해해야 효과적인 토크 트리거를 만들고 입소문을 내는 데 성공할 수 있다.

본격적으로 파트 3을 시작하기 전에 당신이 어떤 생각을 하는지 궁금하다. 이 책을 재미있게 읽고 있는가? 혹시 어떤 의문이 드는가? 잠깐 시간을 내어 우리에게 메일(JayAndDaniel@TalkTriggers.com)을 보내면 곧바로 답변을 받아볼 수 있을 것이다.

PART 3

계속 떠들고 싶은 5가지 입소문 유형

지금까지 우리는 토크 트리거의 4가지 조건을 살펴보면서 다양한 규모와 유형의 기업이 입소문의 힘을 이용하는 실제 사례를 검토했다. 각 사례는 모두 주목할 만하고 관련성이 있으며 타당하고 반복할 수

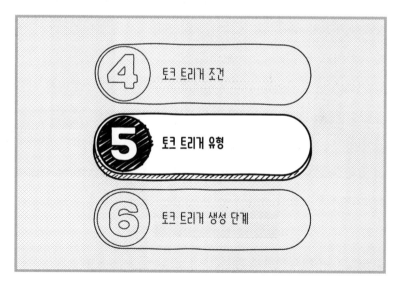

4-5-6 토크 트리거 시스템

있다는 4가지 조건을 충족했다.

앞으로 소개할 10가지 사례는 토크 트리거 분류 체계에서 하나 이상의 범주에 속한다. 우리는 수백 가지 입소문 사례를 연구하고 간단해 보이는(하지만 믿기 힘들 만큼 어려운) 질문, 즉 '입소문을 내려는 노력 중 어떤 것은 성공하고 또 어떤 것은 실패하는 이유는 무엇인가?'의 답을 찾기 위해 연구한 끝에 이 체계를 개발했다. 이 질문은 이렇게 바꿀 수도 있다.

'효과가 있는 토크 트리거의 공통점, 다시 말해 심리적 결합 동인은 무엇인가?'

입소문은 고객이 합리적인 수준에서 기대하지 않는 어떤 일이 일어났을 때 퍼진다는 것을 기억하라. 고객은 홀리데이 월드에서 청량음료가 무료일 것이라고 기대하지 않는다. 고객은 놀이공원에서 파는 다이어트 펩시가 보통 16달러 내외라고 알고 있기 때문이다. 이처럼 기대와 현실 사이의 격차가 입소문을 만들어내는 스토리에 기름을 붓고 신규고객을 창출한다.

어떤 입소문이 언제 가장 좋은 효과를 내는 걸까? 이 질문은 '고객이 기업 경험을 공유하지 않을 수 없을 만큼 기업이 고객의 기대를 크게 넘어서는 때는 언제인가?'의 문제다. 우리는 분석과 분류에 매달린 끝에 5가지 유형의 토크 트리거를 확인했다. 어느 기업이든 이중 영업과 문화 측면에서 현실적으로 가장 잘 맞는 유형의 토크 트리거를 선택할 수 있을 것이다.

5가지 유형이란 이야깃거리가 될 만한 공감, 이야깃거리가 될 만한 유용성, 이야깃거리가 될 만한 관대함, 이야깃거리가 될 만한 속도, 이야깃거리가 될 만한 태도를 말한다. 혹시 확실한 입소문을 만들면서 이 5가지 범주에 들지 않는 변화를 도입할 수 있는가? 어쩌면 가능할지도 모른다. 그러나 우리가 개발하고 연구한 토크 트리거는 거의 다 이 모델에 들어맞는다.

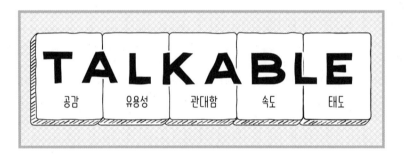

5가지 토크 트리거 유형

이 책의 근간을 이루는 4-5-6 시스템을 살펴보면 고객이 입에 올리는 눈에 띄는 차별화 요소가 토크 트리거가 되기 위해서는 파트 2의 '4가지 조건을 모두' 충족해야 한다. 또한 파트 3에서 말하는 5가지 유형 중 적어도 하나에 속해야 한다. 파트 4에서 다루는 토크 트리거를 만드는 6단계 과정을 따르면 더욱 확실하다.

파트 3에서 다루는 5가지 유형은 입소문의 다양한 생성원을 간단히 설명하는 데 유용하다. 이 5가지 유형은 여러 옵션을 비교·평가해 어떤 것이 효과가 있고 그 이유가 무엇인지 이해하는 데 도움을 주기 때문이다.

최근 우리는 한 타이어 소매업체의 대규모 컨퍼런스에서 프레젠테이션을 했다. 흥미롭게도 참가자 중 1명은 자신도 모르는 사이 20년 동안 토크 트리거를 실행해오고 있었다. 그는 고객이 새 타이어로 교체한 자동차를 찾으러 오기 전 조수석에 그 지역에서 생산한 2L짜리 루트비어 병과 손으로 쓴 감사 메모를 놓아두었다. 이 업체는 그 지역에서 '루트비어 타이어'로 알려져 있다.

앞으로 이 책을 몇십 쪽만 더 읽으면 이 같은 차별화 요소를 경험할 때 주목할 만하고, 관련성이 있고, 타당하고, 반복할 수 있고 이야깃거리가 될 만한 관대함에 뿌리내리고 있으며 이야깃거리가 될 만한 태도를 곁들였다는 근거로 그것이 토크 트리거임을 바로 진단할 수 있을 것이다.

현실에서 이런 토크 트리거를 알아보는 것은 공항에서 비행기를 알아보는 것과 같다. 이제 우리는 입소문 탐정으로서 재미있는 게임 세계를 열어 보이겠다.

공감
고객이 처한 어려움을 이해하는가

무엇이 토크 트리거가 될 수 있는지 생각할 때는 모든 트리거가 제한적인 수의 원형에 들어맞는다는 점을 이해하는 것이 중요하다. 그것은 모두 이 책에서 말하는 5가지 유형 중 하나에 속하며 이 분류 체계를 알면 트리거를 마주쳤을 때 더 쉽게 알아볼 수 있다. 또한 우리가 컨설팅 실무를 보며 개발한 6단계 과정을 이용해 직접 자신의 토크 트리거도 더 쉽게 만들 수 있다.

5가지 토크 트리거 유형은 그 차별화 요소가 이 책의 챕터 4~7에 서술한 4가지 조건을 충족할 경우 이야깃거리가 되면서 기업에 차별화한 입소문의 혜택을 안겨준다. 토크 트리거 유형에는 우열의 차이가 없다. 꾸준히 적절하게 적용하기만 하면 각 유형에는 동등한 잠재

력이 있다. 특정 기업문화와 사업 부문에 더 잘 어울리는 것이 있을
수도 있으나 무엇을 사용하든 결정하기만 하면 모두 확실한 효과를
낸다.

5가지 토크 트리거 유형

첫 번째 유형의 토크 트리거는 뜻밖의 공감을 이용해 고객에게 즐
거움을 선사하고 대화를 유발하는 것이다. 지금은 기업의 공감 능력
이 그 어느 때보다 부족한데 여기에는 2가지 이유가 있다.

첫째, 공감하려면 비일관성에서 벗어나는 것은 물론 귀를 기울일
줄 알아야 한다. 또한 공감을 위해서는 고객과의 상호작용을 하나의
범주로 다뤄야 한다. 이러한 접근법은 당연히 사업의 상호작용당 비
용을 끌어올리며 기업은 대개 효율성과 이윤에 매달리느라 공감을
전달하는 데 시간을 투자하지 않는다.

둘째, 상호작용하며 공감하는 접근법에는 인력이 필요하게 마련이
고 직원에게 정해진 업무 범위 이외의 일을 부여하려면 승낙이 필요

하다. 이 때문에 일부 기업은 위기를 맞거나 소송 위험이 커질 수 있다고 생각한다. 간단히 말해 그들은 공감을 전달하는 기업이 되는 것을 두려워한다.

이런 이유로 효율이 아닌 공감 접근법을 택했을 때 드러나는 기업의 공감 능력이 그토록 큰 입소문을 만들어내는 것이다. 공감으로 유명한 업계가 아닌 곳은 더욱더 그렇다. 연체한 채무를 추심하는 아메리콜렉트Americollect가 친절함으로 어떻게 이야깃거리를 만들어내는지 살펴보자.

역발상으로 공감을 얻은 친절한 추심 업체

1988년 대학에서 쫓겨난 뒤 거의 무일푼이던 켄린 그레츠는 위스콘신주 매니토웍에 있는 추심 대행업체에 추심사원으로 입사했다. 직원 5명에 시급 4달러 25센트를 받던 그는 29년 후 직원 250명에다 미국에서 가장 크고 가장 빠르게 성장하는 추심 대행업체를 소유하게 됐다. 그레츠가 1999년 아메리콜렉트를 인수했을 무렵 이 회사 연매출은 약 60만 달러였다. 그럼 2017년에는 어땠을까? 2017년 아메리콜렉트의 매출은 2,500만 달러였다.

아메리콜렉트 직원의 업무는 병원이나 의원 같은 의료서비스 업체에 미납금이 있는 소비자와 접촉하는 것으로 어찌 보면 언짢고 불쾌한 일일 수 있다. 추심 업계는 대개 소비자에게 창피를 주거나 겁을 주는 식으로 강하게 압박해 돈을 갚게끔 하는 접근법을 사용한다.

하지만 아메리콜렉트의 접근법은 전혀 다르다. 조직 전체의 DNA에 스며 있는 이 회사의 추심 방법은 그들의 견고한 토크 트리거가 될 정도다. 흥미롭게도 아메리콜렉트의 강령(심지어 그들을 대표하는 특징이 된)은 '터무니없이 친절한 추심^{Ridiculously Nice Collections}'이다.

잠깐만 생각해보자. '추심'이라는 단어가 '터무니없이 친절한'과 붙어 있는 것은 컨트리 가수 빌리 레이 사이러스와 뉴욕 교향악단의 조화만큼이나 어색하다. 그런데 바로 그 접근법이 효과를 내고 있다. 그레츠는 우리에게 말했다.

"우리는 친절함으로 더 많이 미납금을 받아내고 있습니다. 터무니없이 친절한 태도로 말이죠. 연체자들이 우리와 대화하는 것에 겁을 먹지 않기 때문입니다. 알다시피 지급 능력은 변화하게 마련입니다. 지금 연체자라고 해서 영원히 연체자라는 의미는 아닙니다. 연체자에게 돈이 없더라도 처음부터 그들을 친절하게 대해야 합니다. 우리가 직원을 교육할 때 강조하는 말 중에는 '지금은 사정이 좋지 않지만 당신은 정직한 사람이라 돈이 있으면 약속을 지킬 것 같습니다. 제 판단이 정확하죠?'라는 것도 있습니다."

그레츠는 많은 사람이 자사 직원들에게 이렇게 말한다고 이야기한다.

"다른 추심 대행업체들도 이렇게 친절하면 얼마나 좋을까요? 제 부채를 당신 회사로 옮길 수는 없을까요?"

연체자 사이의 입소문은 당연히 제한적이다. 아무리 아메리콜렉트의 흔치 않은 접근법에 놀랄지라도 사람들은 부채 문제를 입에 올리길 꺼려하기 때문이다. 반면 추심 대행업체를 고용한 병원이나 의원은 '터무니없이 친절한' 토크 트리거를 인상적이고 직관적이라고 평가한다.

레비뉴 사이클Revenue Cycle의 매니저 디아나 크리스트슨은 96개 병상을 갖춘 미시간주 어퍼 페닌슐라의 병원, 디킨슨 카운티 헬스케어 시스템에서 일한다. 7년간 아메리콜렉트의 서비스를 이용한 크리스트슨은 '터무니없이 친절한'이라는 관점이 단순한 마케팅 술책이 아님을 확인했다.

"매번 깊은 인상을 받습니다. 그들은 우리가 의뢰한 연체자만 터무니없이 친절하게 대하는 것이 아니라 클라이언트인 우리도 터무니없이 친절하게 대합니다. 그들과의 커뮤니케이션은 한결같이 기분 좋은 경험이었습니다. 이 지역 모든 병원은 네트워크를 형성하고 있는데 저는 다른 여러 병원에 아메리콜렉트를 추천했어요."

그레츠는 터무니없이 친절한 것이 입소문뿐 아니라 뛰어난 실적 효과도 낸다고 말한다. 거의 모든 병원이 최소 2개의 추심 대행업체에 일을 의뢰하는데 타사와 비교했을 때 95%의 병원이 아메리콜렉트를 1위로 선정한 것이다. 그는 지난 6년간 2,000개가 넘는 클라이언트와의 거래 중 실적에서 밀린 것은 3번뿐이라고 했다.

"매달 재정 목표를 달성하는 쪽보다 고객에게 친절하게 대하는 쪽을 택하겠습니다. 친절한 태도를 지키는 것이 더 중요합니다. 우리는 늘 거기에 집중하죠. 돈은 부수적인 것일 뿐입니다. 제가 무슨 말을 하는 것인지 아시죠?"

물론 잘 알고 있다.

의료 사업 부문만 공감이라는 토크 트리거를 효과적으로 이용할 수 있는 것은 아니다. 의사들 역시 이것을 사용해 고객을 늘릴 수 있다. 글렌 고라브 박사는 매일, 아니 최소한 토요일마다 이런 일을 한다.

수술 후가 아닌 수술 전에 환자와 통화하는 의사

오후에 구강 수술을 받는 것은 썩 기분 좋은 스케줄이 아니다.

사람들은 대부분 수술이 어떤 절차로 이뤄지는지 확실하게 알지 못한다. 통증이 이어질 거라는 걱정은 거의 당연한 것으로 여기고 치료비 부분도 혼란스러워한다. 보험을 적용받지 못하는 경우에는 더욱더 그렇다.

구강외과 의사와 직원은 대개 환자가 병원에 있는 동안 이러한 의문에 답해주어 의심을 잠재우려고 노력한다. 훌륭한 의사들은 수술 후 야간에 환자에게 전화를 걸어 불편한 점은 없는지, 출혈이 있는지, 수술 후 지시사항을 잘 지키고 있는지 확인한다.

뉴저지주 클리프턴의 글렌 고라브 박사는 15년 전부터 토크 트리거를 실행해왔다. 반면 그의 경쟁자들은 아직 아무도 이 차별화 요소를 따라 하지 않고 있다. 상당히 성공적인 입소문 유발 장치인데도 말이다. 고라브 박사는 이렇게 말한다.

"여러 치과 의사에게 이 접근법을 언급했지만 아무도 실천하지 않았습니다."

다른 치과 의사들이 사용하지 못하는 혹은 하지 않는 고라브 박사만의 비법은 무엇일까? 바로 이야깃거리가 될 만한 공감이다. 주말마다 고라브 박사는 다음 주 첫 방문을 예약한 환자들에게 전화를 걸어 이렇게 말한다.

"안녕하세요. 저는 고라브 박사입니다. 다음 주에 방문하기로 예약하셨죠? 제 소개를 좀 하고 병원에 오기 전에 궁금한 점이 있는지 확인하려고 전화를 드렸습니다."

이 간단하면서도 주목할 만한 행동, 즉 병원을 다녀간 후가 아니라 병원에 오기 전에 환자에게 연락하는 행동 덕분에 고라브 박사의 구강 수술은 더욱 돋보이면서 꾸준히 관심을 받고 있다.

고라브 박사는 환자들이 너무 뜻밖의 일이라 전화를 받고 어쩔 줄 몰라 하는 경우도 있다고 말한다.

"사람들은 대부분 병원 방문 전에 의사가 전화했다는 사실에 충격을 받습니다. 거의 말을 잇지 못할 정도죠. 그만큼 이것은 평범하지 않은 일입니다. 그들은 이렇게 말합니다. '이전의 누구도 제게 이렇게 해주지 않았어요.'"

이 환자들은 친구에게 고라브 박사가 전화한 이야기를 전달해 새로운 환자를 계속 병원으로 보낸다. 이처럼 그의 토크 트리거는 모든 실행 가능한 토크 트리거가 으레 그렇듯 고객을 창출한다.

"이번 주에는 '친구의 얘기를 듣고 당신이 병원 방문 전에 전화하는 사람이라는 걸 알게 되었습니다. 그것이 마음에 들어 당신 병원으로 오고 싶었습니다.'라고 말한 새로운 환자가 2명 있었습니다."

이들 환자는 자기 집과 가까운 수십 개의 평판 좋은 구강외과를 외면하고 고라브 박사의 병원을 찾아온 것이다. 고라브 박사는 예약 시간에 병원에 온 환자의 80%가 그 전화를 언급한다고 했다.

"환자들은 '토요일에 전화를 주셔서 정말 감사해요.', '집에 없어서 전화를 받지 못한 것이 정말 아쉽네요. 음성메시지를 남겨주셔서 감사합니다.'라고 말합니다."

고라브 박사의 공감 토크 트리거에서 가장 흥미로운 특징은 그것이 아주 간단하다는 점이다. 그것은 그야말로 모든 의사 혹은 모든 전문 서비스 제공자가 모방할 수 있는 일이다. 그런데 그들이 그렇게 하지 않는 이유는 무엇일까? 고라브 박사는 이런 이론을 제시한다.

"왜 다른 사람들이 그렇게 하지 않는지 잘 모르겠습니다. 직접 대면하기 전에 자신의 서비스를 이야기하는 것에 자신이 없거나 겁이

나서 그럴 수도 있죠. 어쩌면 주말에 귀찮은 일을 만들고 싶지 않은
지도 모릅니다."

마침내 그는 성형외과 의사인 낚시 친구를 설득해 이 방법을 시도
하게 했다. 그리고 그 친구는 곧 환자와 입소문이 늘어나는 것을 경
험했다.

입소문 효과는 아니지만 이 시스템을 택한 다른 의사들과 고라브
박사는 중요한 부수 효과도 얻었다. 환자와 공감의 다리를 만들자 신
뢰가 깊어져 법적 분쟁이 거의 생기지 않았던 것이다.

지난 수십 년 동안 미국 의료 부문에서는 엄청나게 많은 법적 분쟁
이 발생했다. 위험도 높은 외과 전문의의 99%가 의사생활을 하는 동
안 환자들과의 소송을 경험한다. 구강외과도 법적 분쟁 위험이 큰 분
야지만 고라브 박사는 32년 동안 법적 분쟁을 전혀 겪지 않았다.

"어떠한 소송도 당한 적이 없습니다. 저는 매일 수술을 하고 합병
증이 생기는 경우도 있습니다. 일부는 아주 심각하죠. 그래도 소송을
당하지 않은 것은 사람들이 제가 환자에게 깊은 관심을 보인다고 생
각하기 때문일 겁니다. 특히 환자를 만나기 전에 전화하는 것은 제가
환자에게 마음을 쓴다는 의미입니다. 환자들은 처음부터 제가 그들
에게 관심을 기울이고 있음을 알고 있죠."

5가지 토크 트리거 유형 중 이야깃거리가 될 만한 공감은 전달 과
정이 가장 간단하면서도 우리에게 대단한 심리 효과와 입소문 효과를
안겨준다.

유용

불편함을 해결해주면
호감이 생긴다

글렌 고라브 박사와 아메리콜렉트의 경우 깊은 공감이 좋은 효과를
발휘했다. 그러나 다른 기업과 단체는 감성 지능을 토크 트리거로 사
용할 만한 용기나 열의를 보이지 않는다.

이럴 때는 논리적인 입소문 엔진 사용을 고려해보는 것이 합리적
이다.《소셜 마케팅 불변의 법칙, 유용성》에서도 다뤘지만 잠재고객
이 유용성을 발견하게 하는 자원을 만들면 기업 성장 효과를 얻을 수
있다. 당신이 유용성의 본질을 이끌어낼 경우 이 책략은 토크 트리거
역할을 해낸다.

이야깃거리가 될 만한 이 '유용성' 입소문 추진제는 고객의 삶의
질 향상에 관심이 없는 것으로 알려진 사업 범주에서 실행할 때 특히

효과적이다. 그 패턴에 들어맞는 대표적인 것이 항공 업계가 아닐까 싶다. 어쩌면 그래서 에어뉴질랜드Air New Zealand의 유용성 토크 트리거가 그토록 많은 대화를 이끌어낸 것인지도 모른다.

5가지 토크 트리거 유형

침대로 변신하는 비행기 좌석 스카이카우치

오클랜드에 기반을 두고 있는 에어뉴질랜드는 뉴질랜드의 국영 항공 사로 국내는 물론 19개국 수십 개 도시에 취항하고 있다. 의례적이고 지루한 안전 동영상을 특이하고 재미있는 단편영화로 바꿔놓은 것이 증명하듯 이 항공사는 늘 열정과 활력을 보여준다.

　에어뉴질랜드가 제작한 안전 동영상 중 웹사이트 백패커 가이드 NZBackpacker Guide NZ가 가장 우수하다고 꼽은 9개 동영상에는 다음과 같은 것도 있다.

> **호빗 안전 동영상:** 이 비디오에는 뉴질랜드에서 촬영
> 한 영화 '호빗^{The Hobbit}'의 주인공과 배경이 등장한다.
> **베어가 말하는 안전의 정수:** 모험가로 명성이 높은 TV
> 출연자 목록에 고정적으로 이름을 올리는 베어 그릴스
> 가 주인공이다.
> **리처드 시몬스와 함께하는 마일-하이 매드니스:** 운동
> 비디오를 기내 안전수칙 교육과 접목한 이 익살스런 비
> 디오에는 유명 에어로빅 강사로 2014년부터 대중 앞에
> 서 사라진 리처드 시몬스가 출연한다.

이건 정말 무모하면서도 대단히 멋지다. '대형 항공사가 고정관념
에서 벗어나기 위해 이토록 많은 돈을 쓰고 있다는 걸 믿을 수 없다.'
는 의미에서 말이다. 이것은 비행기에 타지 않아도 세계인이 볼 만한
가치가 있는, 심지어 그만의 유튜브 재생 목록이 있는 '유일한' 항공
사 안전 동영상이다.

이 안전 동영상들을 에어뉴질랜드의 토크 트리거로 보는 것은 합
리적인 예측이며 완전히 틀렸다고 볼 수도 없다. 이 짧은 작품들은
안전벨트 사용법을 새로운 방식으로 보여줄 뿐 아니라 대화를 촉발
할 정도로 굉장히 특이하다. 하지만 이들 동영상은 의미 있는 방식으

로 탑승객에게 혜택을 주지 않으며 친구와 대화하다가 '안전 동영상'을 언급하게 하는 것은 매우 어려운 일이라 입소문 효과는 미미하다.

에어뉴질랜드의 주된 토크 트리거는 상품 자체의 본질에 훨씬 더 가깝다. 이 회사의 경우 상품 디자인의 모든 측면을 뒷받침하는 추진력은 편안함이고 편안함은 모든 승객에게 영향을 미친다. 안락한 침대로 변하는 널찍한 비즈니스석에 앉든 화장실 옆에 있는 이코노미석 마지막 줄에 앉든 말이다.

에어뉴질랜드의 진짜 스토리를 만들어내는 것은 바로 새로운 개념의 비행기 '좌석' 스카이카우치^{Skycouch}다. 이것은 팔걸이를 움직일 수 있는 일렬의 3개 결합 좌석을 말한다. 각 좌석 하단에는 대형 발받침이 연결되어 있다. 발받침을 의자와 일직선이 되도록 올려서 펴고 팔걸이를 올리면 한 줄 전체가 침대 매트리스처럼 변한다.

에어뉴질랜드의 스카이카우치

에어뉴질랜드 웹사이트는 스카이카우치를 이렇게 설명하고 있다.
"이륙 후 침대로 변신하는 3개의 이코노미석을 상상해보십시오.
당신과 친구, 가족이 몸을 펴고 편히 누울 수 있는 좌석을 말입니다.
기발하지 않나요? 더구나 매우 안락합니다. 좌석으로, 침대로, 심지
어 놀이공간으로 사용할 수 있습니다. 포근한 이불과 베개도 제공합
니다. 에어뉴질랜드가 최초로 시도합니다."

스카이카우치는 승객들이 생각하는 비행 개념을 바꿔놓는다. 비행
중에 할 수 있는 일과 관련해 합리적인 기대를 바꿔놓기 때문이다.

스카이카우치는 가만히 있기 힘든 아이들에게는 몸을 마음껏 움직
이도록 넓은 공간을, 야간 비행을 하는 부부에게는 편히 누워 쉴 수
있는 공간을, 혼자 여행하는 사람에게는 일종의 침대를 제공한다.

스카이카우치라는 토크 트리거가 특히 흥미로운 것은 직접 경험하
지 않아도 대화를 자극할 수 있기 때문이다. 에어뉴질랜드에서 스카
이카우치로 지정한 좌석열을 지나치기만 해도 '잠깐, 이게 뭐지?'라
는 생각이 들기 때문에 이후 수많은 질문과 트윗을 쏟아낸다.

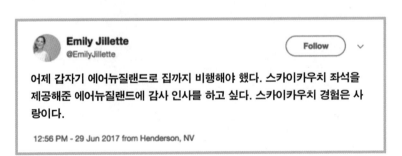

Emily Jillette
@EmilyJillette

Follow ⌄

**어제 갑자기 에어뉴질랜드로 집까지 비행해야 했다. 스카이카우치 좌석을
제공해준 에어뉴질랜드에 감사 인사를 하고 싶다. 스카이카우치 경험은 사
랑이다.**

12:56 PM - 29 Jun 2017 from Henderson, NV

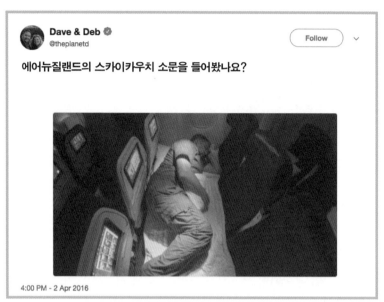

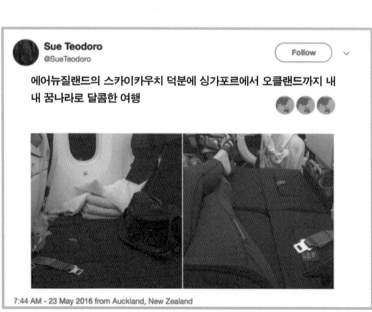

항공사 평가 웹사이트 에어라인레이팅스[AirlineRatings]의 편집장 제프리 토마스가 말했다.

"정말 인상적인 점은 에어뉴질랜드가 많은 사람이 이용하는 이코노미석을 꾸준히 쇄신하고 있다는 것입니다."

에어뉴질랜드는 고객에게 유용한 것을 선사하는 데 초점을 맞추고 있다. 승객이 그것을 침대로 이용하든 놀이공간으로 이용하든 아니면 부러움의 대상으로 보든 말이다. 스카이카우치라는 토크 트리거는 높은 고도에다 공기가 희박한 환경에서도 대화를 촉발한다.

에어뉴질랜드의 경우 스카이카우치라는 흔치 않은 특색을 도입한 것이 핵심 사업 분야지만 유용성을 훨씬 더 넓게 확장하는 기업도 있다. B2B 소프트웨어 업체 스파이스웍스[Spiceworks]는 유용성을 토크 트리거로 광범위하게 사용해 경제모델 전체가 예상을 벗어난 특이한 형태다.

IT 전문가들에게 문제해결의 장을 제공하는 스파이스웍스

소프트웨어 사업은 일면 대단히 복잡하다. 이를테면 기능 추가, 포장, 가격, 공급 방법을 파악하는 것은 무척 까다로운 일이다. 그러나 결제 측면은 무척 간단하다. 회사가 소프트웨어를 공급하면 그것을 사용하는 고객은 그 대가로 월 혹은 연 단위로 수수료를 지급한다. 이는 모노폴리 게임에서 지나가는 땅마다 통행료를 내는 것과 비슷하다. 하지만 이 게임에 등장하는 지역인 '마빈 가든에 올라서는' 것이 아니라 '당신 회사의 자원 계획 시스템에 로그인'한 대가로 돈을 낸다. 여기에 무료 주차는 없다.

소프트웨어 업계가 신기원을 맞은 지난 2006년 텍사스주 오스틴에 기반을 둔 스파이스웍스는 소프트웨어 공급과 사용에 관한 기존 (지금은 모두 바뀐) 규약을 완전히 뒤집기로 결정했다. 소프트웨어를 무료로 제공하기로 한 것이다.

스파이스웍스의 공동창립자이자 CEO인 제이 홀버그는 우리에게 말했다.

"우리는 소프트웨어를 팔지 않았습니다. 2006년부터 2010년까지 스파이스웍스는 IT 전문가들이 네트워크를 관리하는 소프트웨어를 무료로 제공했죠. 우리는 소프트웨어 자체가 아니라 광고 판매로 돈을 벌었습니다."

이는 홀버그와 공동창립자들이 IT 전문가의 일이 얼마나 어려운지 알기에 나온 결과였다. 홀버그가 당시를 회상했다.

"IT 전문가에게는 일을 처리하는 일련의 공통 도구가 없었어요. 어디에서 답을 구해야 하는지, 어디에서 믿을 만한 사람을 찾을 수 있는지 알지 못했습니다. 3조 달러 규모의 IT 업계 안에 진정 IT 전문가에게 힘이 되어주는 브랜드가 없다는 사실은 우리에게 큰 충격이었습니다."

스파이스웍스는 IT 전문가가 내장된 디지털 헬프 데스크로 컴퓨팅 네트워크를 검색하고 가동 시간을 모니터링하며 문제를 추적할 수 있는 소규모 제품군을 출시했다. 이 회사는 사용하기 편리한 인터페이스 기반의 첫 번째 버전 스파이스웍스를 만들고 소프트웨어를 무료로 다운로드해 사용하도록 한 다음 광고를 끼워 넣었다. 홀버그는 말한다.

"전통 방식대로 한 달에 20달러를 청구할 생각도 했습니다. 그러나 많은 사람에게 매달 20달러를 받아내는 일에 수백만 달러가 들거라는 점을 깨달았죠. 그러다가 만약 다른 누군가가 비슷한 것을 내놓고 10달러를 청구하면 어떻게 되겠습니까?"

IT 전문가들은 자신의 네트워크 인프라가 적절한 상태인지 확인하고자 꾸준히 스파이스웍스를 사용했다. 이를 위해 스파이스웍스 소프트웨어는 당연히 네트워크상에 존재하는 다른 소프트웨어와 하드웨어가 어떤 것인지 알아야 했다. 홀버그와 동업자들은 이 지식으로 자사가 스파이스웍스 사용자와 관련성이 매우 높은 광고를 보여주는 독보적 능력을 갖출 수 있음을 깨달았다.

"우리는 사용자가 얼마나 귀중한지 알고 있었습니다. 이 사업이 세계적 규모로 성장하는 것은 물론 소프트웨어 자체에 가격을 부과하는 것보다 흥미로운 방식으로 돈을 벌고 더 빠르게 확장할 수 있을 것이라고 생각했지요. 우리는 그동안 믿기 어려울 정도로 수준 높은 서비스를 제공했으며 이는 IT 전문가가 자신이 필요로 하는 제품과 서비스를 배우는 데 도움을 주었습니다."

　스파이스웍스는 다르게 접근했고 광고까지 유용했다. 타깃 사용자를 잘 파악해 거기에 맞춰 광고를 조정했기 때문이다.

　출시하고 얼마 지나지 않아 스파이스웍스는 IT 전문가들의 협력과 커뮤니티 니즈가 네트워크 모니터링 소프트웨어의 니즈를 넘어서는 수준임을 알게 되었다. 초기 사용자들에게 피드백을 얻기 위해 홀버그와 동료들은 고객이 추가 기능 아이디어를 내고 관심도에 따라 가부를 표결할 수 있는 웹페이지를 만들었다.

　'스파이스웍스 테마'에서 각 표결 화면은 심심한 음식에 고춧가루를 뿌리는 형태를 취했고 IT 전문가들은 곧 '양념을 치거나 빼는' 아이디어를 일상적인 것으로 받아들였다. 비교적 단순한 표결 기제로 시작한 이것은 곧 온라인 지원 그룹으로 확대되었다. 홀버그의 얘기를 더 들어보자.

　"그들은 스파이스웍스 문제를 어떻게 해결하면 좋을지 서로 이야기하기 시작했습니다. 어떤 사람이 '스파이스웍스가 이 장치와 소통하도록 할 수가 없어.'라고 말하면 다른 사람이 '나도 같은 문제를 겪었어. 이렇게 하면 돼.'라거나 '그 문제 때문에 스파이스웍스 엔지니어들과 얘기를 나눴어. 그들은 이렇게 하더라고.' 하는 대답을 내놓았죠."

　대화가 점점 늘어나면서 곳곳으로 퍼져 나가자 2008년에는 스파이스웍스가 아닌 다른 주제로도 질문이 들어왔다. 그 질문은 어떤 종류의 라우터를 구입해야 하는가부터 사장에게 어떻게 월급 인상을 요구해야 하는가에 이르기까지 매우 다양했다. 홀버그가 말했다.

"우리는 그것을 보고 우리가 정말 성공할 수 있겠구나 하는 생각을 했습니다."

IT 전문가에게는 분명 2008년 이전에도 질문하고 상호작용하는 온라인상의 다른 장소가 있었다. 그러나 다른 모든 옵션은 주제의 폭이 좁았고 공급자가 명확했다. 물론 시스코Cisco는 시스코 고객이 시스코에 질문할 수 있는 포럼을 보유하고 있었다. 하지만 스파이스웍스는 어떤 주제든 질문하고 상호작용할 수 있는 IT 업계 최초(지금까지도 가장 크게 인기가 있는)의 온라인 공간이었다.

이것이 대단히 유용한 자원임을 인식한 스파이스웍스는 2010년 비고객을 대상으로 하는 온라인 커뮤니티를 개설했다. 홀버그가 말했다.

"그것 때문에 입소문이 나기 시작했습니다. 그제야 사람들이 친구에게 스파이스웍스는 정말 대단한 곳이라고, IT 업계에 있지 않아도 꼭 가봐야 할 곳이라고 말할 수 있었으니까요. 커뮤니티 내용물이 늘어나면서 구글도 그걸 알아차리기 시작했습니다. 여러 사람이 같은 질문을 하자 스파이스웍스는 구글의 검색 결과에 자주 드러났지요. 우리는 IT 전문가, 즉 많은 것을 알아야 하는 사람들을 위한 장소가 되었습니다. 우리가 특정한 일을 하는 전문가가 중심인 공급업체 중립적 커뮤니티를 만든 거죠."

2018년 스파이스웍스 커뮤니티는 온라인과 오프라인에서 활발하게 교류를 이어갔고 온라인 커뮤니티 방문자가 매달 700만 명을 넘어섰다. 스파이스웍스의 연례 컨퍼런스인 스파이스월드^{Spiceworld}는 세계에서 가장 이상한 괴짜들의 모임처럼 보인다. 네트워크 아키텍처에 정통한 2,000명이 모여 베이컨과 맥주(스파이스웍스 구성원의 비공식 부적)를 쌓아놓고 즐기는 그곳 상황이 어떨지 대충 짐작이 갈 것이다.

2016년 홀버그와 그의 팀은 내부에서 '챕터3'라고 부른 계획에 착수했다. 이것은 세계 IT 전문가들의 정보, 교육, 상호작용을 위해 단 하나의 통합 원천이 되기 위한 계획이었다. 여기에는 커뮤니티 역량을 강화하고 각 회원에게 IT와 관련된 모든 것을 맞춤화해서 제공하기 위한 새로운 콘텐츠 관리와 머신러닝 시스템 건설도 포함되었다.

홀버그는 스파이스웍스에 4가지 목표가 있다고 말했다.

"첫째, 문제해결이든 커다란 다음 계획 작업이든 일하기에 적합한 사람과 콘텐츠에 그들을 연결해줍니다. 둘째, 그들이 진행하는 프로젝트를 마치거나 다음 일을 구하는 데 도움을 줍니다. 셋째, 사업에 필요한 적절한 제품과 서비스를 찾고 구입하는 일을 돕습니다. 넷째, 그들에게 일을 완수하는 데 필요한 도구를 제공합니다."

이것은 확실히 효과가 있었다. IT 커뮤니티에 스파이스웍스 브랜드는 유행을 좇는 힙스터 커뮤니티에 복고풍 안경 같은 의미를 지닌다. 인기 있고 강력한 그 소속감 표식은 구성원에게 큰 가치를 인정받는 유용성으로 대화를 촉발한다.

스파이스웍스 구성원 앨런 부샤르는 2015년 밸런타인데이에 포스팅한 스파이스웍스에 바치는 시에서 이 점을 잘 표현했다.

당신을 어떻게 사랑하느냐고요? 헤아려볼까요.

커뮤니티 지식 기반의 그 깊이와 넓이와 높이까지 당신을 사랑합니다.

내가 이상한 문제에 부딪힐 때마다 그들은 늘 대답을 가지고 거기에 있습니다.

베이컨, 맥주, 기술에 기반을 둔 모든 것에 통찰력을 지닌 당신을 사랑합니다.

내가 새로운 해법을 적용할 때면 나는 그 길에서 나를 이끌어줄 리뷰와 요령을 만납니다.

커뮤니티의 우정을 사랑합니다.

내가 조언을 필요로 할 때면 그들은 그 길에서 건전한 판단과 격려로 절대 실망을 안겨주지 않습니다.

제공하는 교육을 사랑합니다.

난처한 상황에 처할 때면 나는 이상을 향해 스스로 발전해 갈 수 있습니다.

스파이스월드와 거기에 따르는 모든 재미를 사랑합니다.

참석할 때 베이컨과 맥주가 무료로 주어진다는 얘기라면 더 듣지 않아도 됩니다.

당신의 고객과 잠재고객이 정말로 원하는 것이 무엇인지 꼬집어내는 뛰어난 감각만 있으면 최고의 토크 트리거를 만들 수 있다. 그런 다음 토크 트리거를 주목할 만하고, 지속적이고, 타당하고, 이야깃거리가 될 만한 방식으로 제공하면 된다.

좁은 이코노미 좌석에 끼어 있는 것에 신물이 난다면, 대륙을 횡단하는 비행기 안에서 정신없이 쿵쿵대는 아이들 때문에 기진맥진해 있다면, 당신이 정말 원하는 것이자 이야깃거리가 될 것은 스카이카우치다.

당신이 몸담은 분야의 끊임없는 변화를 따라잡느라 진이 빠져 있다면, 무엇을 언제 사야 하는지 결정하는 데 도움이 필요하고 회계부 직원이 아직도 마이크로소프트 엑셀을 다루지 못하는 게 얼마나 짜증 나는 일인지 공감해줄 동료가 절실히 필요하다면, 당신이 정말 원하는 것이자 이야깃거리가 될 것은 스파이스웍스 커뮤니티다.

유용성은 토크 트리거에 대단히 효과적인 옵션이다. 그러나 그것이 유일한 선택지는 아니다. 일부 기업은 고객에게 그들이 기대한 것보다 많은 것을 제공함으로써 꾸준히 고객의 대화를 이끌어내기도 한다. 이것은 관대함을 강조한 접근법이며 5가지 토크 트리거 유형 중 가장 강력하다.

관대

줄 때는 화끈하고 확실하게

양은 줄어들고 가격은 같으면 '슈링크플레이션^{shrinkflation}'이라 불리는 숨은 가격 상승효과가 나타난다. 우리 주위에서는 이런 일이 아주 많이 발생한다.

영국 통계청 연구에 따르면 2012~2017년 분량이 줄어든 제품은 2,529가지였다. 과자가 몇 개 들어 있지 않은 도리토스 봉지부터 생각할 수 있는 모든 옵션에 요금을 부과하는 항공사에 이르기까지 소비자는 같은 가격에, 아니 더 심하게는 비싼 가격에 더 적게 제공하는 기업에 둘러싸여 있다.

우리 모두 이것이 엄연한 사실임을 알고 있다. 모두가 절실히 느끼고 있을 정도다. 이처럼 어디에서나 슈링크플레이션을 발견할 수 있다 보니 그 반대로 하는 토크 트리거는 더욱더 커다란 효과를 낸다. 바로 이것이 관대함의 힘이다.

사실 앞서 우리는 관대함을 활용하는 다른 토크 트리거를 살펴보았다. 홀리데이 월드의 공짜 음료는 관대함을 이용한 토크 트리거다. 고객은 기업이 잠재이익을 포기하고 음료를 무료로 제공하는 것에 놀라 그것을 얘기한다. 파이브 가이스의 음식 봉투 안에 든 추가 프라이 역시 관대함을 이용한 토크 트리거다.

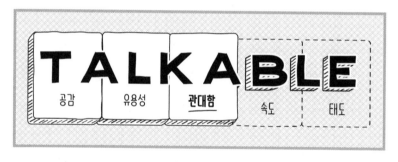

5가지 토크 트리거 유형

그렇지만 컨퍼런스에서 플라밍고가 활보하는 것보다 더 많은 대화를 이끌어내는 것은 없다. 이 토크 트리거는 2016년 시작된 것으로 벨기에 안트베르펜의 플랑드르 미팅 앤 컨벤션 센터^{Flanders Meeting & Convention Center Antwerp}에서 경험할 수 있다.

동물원이 있는
세계적인 컨벤션 센터

1843년 개장한 안트베르펜 동물원^{Antwerp Zoo}은 세계에서 가장 역사가 긴 공공 동물원이다. 안트베르펜 플랑드르 미팅 앤 컨벤션 센터의 최고영업책임자 아냐 스타스에 따르면 19세기 플랑드르 동물원들은 강력한 사회적 기능을 했지만 동물이 가장 주의를 끄는 요소는 아니었다. 이는 동물원을 보완해줄 다른 오락공간을 요구하는 목소리가 언제나 존재했다는 의미다. 아무튼 이 최초의 대리석 무도회장이 문을 연 것은 1897년의 일이었다.

이 시설에서는 연간 300여 개의 행사가 열린다. 이처럼 수요가 높자 더 크고 대화를 촉발하는 힘이 더욱 강력한 공간이 필요하다는 주장이 제기되었다. 경영진은 안트베르펜시와 손잡고 도시의 중심 공간이자 교통 중추로 쓰이는 보다 현대화하고 세계적인 컨벤션 센터를 만들기로 했다. 스타스의 얘기를 들어보자.

"시 당국과 대화하는 과정에서 이것이 이 시설의 유서 깊은 부속 건물 안의 기존 공연장을 아예 다시 지을 대단히 좋은 기회라는 게 분명해졌습니다. 30개의 회의실을 추가해 더 완벽하고 목적에 부합하는 세계적 컨벤션 센터로 만들 기회이기도 했고요."

이 과정을 거쳐 재건한 퀸 엘리자베스 홀은 2016년 11월 문을 열었다. 스타스와 그녀의 동료들은 이미 여러 행사(그리고 대형 동물원)를

CHAPTER 10 [관대] 줄 때는 화끈하고 확실하게

관장하고 있었기에 새로 확장한 컨벤션 센터에 즉시 영업팀, 마케팅 팀, 고객상담팀, 기타 기능을 갖췄다. 새로운 안트베르펜 플랑드르 미팅 앤 컨벤션 센터는 운영과 재정 관점에서 커다란 의미가 있다.

그러나 그런 혜택은 행사 참석자나 다른 시설 이용자 사이에 반향을 불러일으키지 않았다. 그들이 이 시설 이야기를 하도록 하려면 스타스가 더 만들어야 할 것이 있었다. 바로 관대함과 관련된 토크 트리거였다.

컨벤션 센터 행사에 참석한 사람들은 행사 기간 동안 무료로 동물원에 무제한 입장할 수 있다. 컨벤션에 와서 코알라를 보세요! 동물원 일일 입장권은 26유로라 컨퍼런스 참가자가 원하는 만큼 자주, 오래 동물원에 입장할 수 있는 권리의 금전적 가치는 상당하다.

이 시설의 직원들은 각 그룹과 협력해 펭귄과의 커피 타임이나 수족관에서의 저녁식사 같이 동물원을 어젠다에 포함하는 일을 한다. 또한 회의 참석자에게는 동물원 개장 전 이른 아침 산책이나 조깅을 위해 동물원에 접근하는 것을 허용한다. 스타스는 말했다.

"저는 이른 아침 동물원에서 가장 마법 같은 시간을 경험합니다. 바로 동물들이 깨어나는 시간이죠."

기업의 사회적 책임corporate social responsibility, CSR을 목표로 하는 기업이나 협회는 안트베르펜 플랑드르 미팅 앤 컨벤션 센터에서 회의나 컨퍼런스를 하는 것만으로도 그 목표의 일부를 충족할 수 있다. 행사 수익금을 100% 안트베르펜 동물원 재단이 주도하는 동물 보호 활동의

기금으로 쓰기 때문이다.

전 세계 컨벤션 기획자 사이에서 안트베르펜 플랑드르 미팅 앤 컨벤션 센터는 '동물원이 있는 A관'로 유명하다. 이 토크 트리거는 장소와 시설을 홍보하는 세계 최고 프로그램으로 인정받아 국제회의 컨벤션 협회의 2017년 베스트 마케팅 어워드를 수상할 정도로 정평이 나 있다. 소규모 동물원이 딸린 A관은 마케팅 어워드의 최종 평가에서 20억 달러 규모의 시드니 국제 컨벤션 센터를 누르고 1위에 올랐다. 스타스는 이렇게 말한다.

"저는 코카-콜라에서 교육을 받았고 브랜드의 정서적 스토리텔링을 만드는 방법을 조금 알고 있습니다. 3년 전 이 업계에 들어왔을 때 저는 이곳 마케팅이 대단히 관례적이고 인습적이란 것을 알게 되었죠. 업계 목표도 대중과의 연결고리를 만들어 정서적으로 사람들의 마음을 사로잡고 움직이는 토크 트리거를 찾는 데까지 이르지 못했어요. 그것만이 차이를 만들고 눈에 띄는 방법인데 말입니다."

홀리데이 월드가 무료 음료를 제공할 때처럼 업계 전문가와 경쟁업체는 그런 생각을 비웃었고 스타스에게 진지하게 받아들여지지 않을 것이라고 말했다. 그녀는 당시의 기억을 떠올렸다.

"컨벤션 센터와 동물원이라니 도무지 진지하지 않잖아."

그러나 그녀는 멈추지 않았다.

"단순히 회의를 흥미롭게 만드는 데서 그치지 않습니다. 회의하는 동안 자연, 동물과 함께하는 것이 회의 효과를 높인다는 점은 과학적으로 증명되었지요."

여기에다 훨씬 더 '많은' 이야깃거리가 생긴다. 스타스는 최근 국제회의 기획자들을 대상으로 프레젠테이션을 했는데, 후속 설문조사 결과 참석자의 100%가 동물원이 있는 A관을 더 알고 싶다며 관심을 보였다. 기린, 고릴라, 코끼리, 수족관, 기타 수백 마리의 다른 동물이 컨퍼런스 장소 근처에 있다는 것은 소셜미디어에서 활용할 환상적인 소재이자 안트베르펜의 환경이 다른 곳과 완전히 차별적이라는 메시지를 멀리 퍼트린다.

동물원에 접근할 권한이 있다면 그것을 중심으로 한 토크 트리거를 만드는 일을 깊이 생각해보라. 현실적으로 대다수에게 그런 기회가 주어지지 않지만 누구나 자기만의 방식으로 무언가 다른 일을 시도해볼 필요는 있다. 그럼 카드가 토크 트리거의 열쇠인 캘리포니아주 새크라멘토의 스킵스 키친Skip's Kitchen을 만나보자.

고객이 조커 카드를 뽑으면
음식 값을 받지 않는 식당

스킵 왈은 외식 체인 칠리스 등을 소유한 브링커 인터내셔널Brinker International에서 17년 동안 경력을 쌓았다. 전성기에 그는 북부 캘리포니아에서 가장 바쁜 칠리스 지점에서 경영책임자로 일하기도 했다. 그가 회상했다.

"정말 재미있었습니다. 하지만 저는 정해진 규칙을 따르기보다 규칙에 도전하는 유형입니다. 회의에서 늘 손을 들고 왜냐고 묻는 타입이죠. 그 때문에 승진 기회에 제한이 따랐습니다. 아내와 저는 많은 연구와 대화 끝에 2010년 새크라멘토에 식당을 열기로 결정했죠."

스킵스 키친은 뛰어난 햄버거, 훌륭한 감자튀김, 몇 가지 흥미로운 애피타이저로 이뤄진 간단한 메뉴(치즈케이크 팩토리의 정반대로 보면 되겠다)에다 재미있는 반전이 특징이다. 버거가 얼마나 맛있느냐고? 스킵스 키친은 2017년 미국 최고 햄버거 공급업체 목록에 21위로 이름을 올렸다.

2011년 10월 10일 식당을 연 이래 왈은 광고와 마케팅에 돈을 한 푼도 쓰지 않았다. 그럼에도 불구하고 브랜드가 널리 알려진 데는 맛있는 버거는 물론 왈과 그의 아내가 지역사회에 보인 헌신, 마음을 끄는 따뜻한 고객서비스가 상당한 공헌을 했을 것이다.

그러나 음식과 서비스의 질이 '주목할 만하고 이야깃거리가 될' 정도에 이르기는 힘들며 입소문을 만들려면 이를 견인해주는 다른 특징이 있어야 한다. 사실 누르 아미라 하산 바스리와 공동 연구자들은 2016년 연구에서 레스토랑 선택에 영향을 미치는 가장 중요한 요소는 물리적 환경의 질과 독특함이며 가장 중요성이 낮은 것은 음식의 질이라는 것을 발견했다.

스킵스 키친의 성공은 이 점을 여실히 보여준다. 이 식당에는 주목할 만한 관대함에 해당하는 토크 트리거가 있는데 이것은 강렬한 물리적 환경을 조성하기도 한다. 이 차별화 요소를 창안하고 채택하는 과정에는 직관과 필요성이 동일하게 작용했다.

필요성은 고객 주문 추적에 따른 문제에서 나타났다. 처음에 왈은 9개 테이블 각각이 무엇을 주문했는지 기억하려고 했지만 첫날부터 혼란스러웠다. 그때 그는 칼스 주니어^{Carl's Jr.}나 하디스^{Hardee's}가 주문한 제품을 가져다주는 방법과 유사하게 손님이 플라스틱 번호판을 테이블에 놓게 하는 방법을 생각했다. 하지만 그는 시각적으로 더 흥미로운 방법을 쓰고 싶었고 '카드를 이용하자.'는 아이디어를 떠올렸다.

왈이 설명했다.

"사람들이 들어와 주문하면 우리는 카드를 하나 줍니다. 가령 손님은 클로버 3이 쓰인 카드를 받죠. 우리는 그것을 그들의 전표에 메모해 두고 음식이 나오면 클로버 3 카드가 있는 테이블에 가져다줍니다."

왈이 음식을 체계적으로 제공하는 데만 신경 쓴 것은 아니었다. 그는 손님을 끌어들이는 도구도 원했다.

"가게가 작아서 바쁜 시간에는 손님이 문밖까지 줄을 섰죠. 이것이 사업에 부정적인 영향을 미치기 시작했습니다. 요기 베라가 이런 말을 했지요. '이제 아무도 그곳에 가지 않는다. 사람이 너무 많기 때문이다.' 바로 우리가 그런 상황에 처했습니다."

고객이 끈기 있게 줄을 서서 기다리게 만들 기제가 필요했다. 처음에 생각한 것은 바깥에 TV를 설치하는 것이었지만 그보다 더 나은 스토리를 만드는 우월한 아이디어가 떠올랐다.

"어느 금요일 아침 70대 중반쯤 되어 보이는 두 여성이 들어와 닭고기를 곁들인 아시안 샐러드 두 접시를 주문했습니다. 저는 '손님, 제가 지금 뭔가를 해보려고 합니다.'라고 말했죠. '이 카드를 뒤집어 펼쳐놓을 겁니다. 손님들이 조커를 뽑으면 음식이 전부 무료입니다.' 그중 한 분이 카드 한 장을 뽑았는데 조커였습니다. 처음부터 당첨자가 나온 거죠! 저는 속으로 '이건 돈이 많이 드는 끔찍한 아이디어일지도 몰라!'라고 외쳤지요."

왈은 남은 하루 동안 그 아이디어를 계속 진행했고 고객들은 무료 식사에 당첨될 가능성이 있다는 사실에 무척 기뻐했다. 그는 다음 날에도 또 그다음 날에도 이 일을 계속했다.

"사람들의 눈이 반짝이기 시작했습니다. 줄을 선 사람들은 앞에 있는 고객이 카드를 뽑는 것을 보기 위해 자리를 다퉜지요. 여러 명이 함께 와서 줄을 설 경우에는 누가 카드를 뽑을지 이야기했죠. 사업 관점에서는 식대의 절반을 부담하거나 상품권을 주는 것이 더 나은 방법일 겁니다. 그러나 그게 딱 맞는 방법이라고 할 수는 없어요. '조커를 뽑았습니다. 오늘 식사는 제가 대접하죠.'라고 말하는 것이 손님들에게 훨씬 더 강렬한 인상을 주니까요."

하루 평균 4명의 고객이 조커를 뽑는다. 이것은 주문의 약 2%를 무료로 제공한다는 의미다. 하지만 무료 식사를 제공하는 그 토크 트리거는 반복적인 보상을 안겨준다. 행운의 고객이 셀카를 찍어 페이

Ashley T.
캘리포니아 새크라멘토
👥 **304 friends**
⭐ **68 reviews**
📷 **23 photos**

⭐⭐⭐⭐⭐ 10/17/2017

친절한 직원, 매력적인 로비, 더구나 음식을 주문하면 카드 한 벌을 펼쳐놓고 조커를 뽑을 경우 식사를 무료로 제공하는 마법을 선사한다! 나는 조커를 뽑지 못했지만 그래도 무척 재미있었다! 그리고 뽑은 카드가 자신의 주문 숫자가 된다! 엄청나게 창의적이다!
메뉴는 단순하지만 여러 가지를 선택할 수 있어서 좋다.
나는 베이컨을 추가한 페스토 치킨을 먹었다. 대단히 맛있었다!

kyrabob42
지역 가이드 · 1 review
★★★★★ 2 months ago

맛있는 음식, 근사한 분위기. 행운이 따른다면 무료로 식사할 수도 있다. 카드에서 조커를 뽑으면 식대를 받지 않는다. 이 기회는 계속 이어진다. 남편과 나는 오늘 음식과 밀크셰이크를 무료로 먹었다!

Kim Poulsen-Smith 스킵스 키친 리뷰 — 5★   ⋯
August 7 · 🌐

정말 좋았다. 늘 한결같다. 신선한 음식을 제공하며 직원들은 항상 밝고 쾌활하다. 우리는 맥앤치즈볼을 나눠 먹었다. 나는 차이니즈 샐러드를 먹었고 남편은 크리스 크로스 프라이를 곁들인 베이컨 치즈 버거를 먹었다. 조커를 찾기를 기대하며 다시 이 식당을 찾을 것이다.

스북에 올리고 리뷰를 쓰고 친구들에게 이야기를 전달하는 것이다.

무료 식사에 비용이 들긴 해도 입소문 측면에서는 많은 손님이 조커를 뽑을수록 왈에게 이익이다. 그가 무료로 제공한 식사 중 가장 가격이 비싼 것은 117.86달러였다. 10명의 굶주린 이글 스카우트 단원이 버거를 잔뜩 주문한 때였다.

"마지막으로 주문한 아이는 동네에 사는 아이였어요. 이름이 크리스천인데 그 아이가 조커를 뽑았지요. 아이들은 마치 수퍼볼에서 우승이라도 한 것처럼 식당을 뛰어다녔습니다. 식당에 있던 사람들이 모두 박수를 치고 아이들과 하이파이브를 했죠. 집에 돌아가 아이들이 부모에게 뭐라고 말했을까요? '제가 조커를 뽑았어요.' 그것은 결국 수익으로 되돌아옵니다."

스킵스 키친의 조커가 어찌나 유명한지 새크라멘토 지역에는 식당이름은 몰라도 이 토크 트리거만큼은 아는 사람이 있을 정도다.

이 '카드 뽑기'는 엄청난 인기를 모으고 있다. 스킵스 키친에서 식사하는 사람들은 가끔 이 시스템을 자신에게 유리하게 이용하려 한다. 9개의 테이블이 꽉 차면 카드 한 벌 중 9장이 테이블에 나오고 조커를 뽑을 확률이 53분의 1에서 44분의 1로 올라간다. 그래서 일부 손님은 대기 중에 '너그럽게' 다른 사람이 앞에 서게 해주면서 확률이 높아질 때까지 의도적으로 주문을 미룬다.

손님들이 여행을 갔다가 카드 여러 벌을 구해와 왈에게 기념으로 주는 경우도 많다. 왈은 이것을 스킵스 키친 티셔츠 옆에 자랑스럽게 전시한다. 놀랍게도 이 티셔츠는 판매용이 아니며 이름이 스킵[Skip]인 사람에게만 준다. 지금까지 13명이 이 티셔츠를 받았다.

소비자는 늘 적게 받는 것에 익숙해져 있기 때문에 조금 더 주는 것(혹은 스킵스 키친에서처럼 더 많이 받을 가능성이 있는 것)만으로도 당신 이야기를 하고 입소문에 불을 붙인다. 그러나 후한 대우를 토크 트리거로 사용하려 하지 않거나 사용할 수 없는 조직도 있다.

대신 그들은 민첩하게 움직여 고객과 팬을 놀라게 함으로써 대화를 이끌어낸다. 음악 장르를 자유자재로 바꾸는 가수 테일러 스위프트처럼 빠른 속도를 자랑하는 토크 트리거 역시 이야깃거리가 되기에 충분하다. 그러면 이를 활용하는 기업들의 이야기를 들어보자.

속도
언제나 고객이
알아채기 전에 움직여라

속도는 중요하다. 사실 소비자의 41%는 기업이 '내 문제를 빠르게 해결해주는 것'을 좋은 고객 경험의 가장 중요한 요소로 생각한다. 설문조사에서 속도는 '회사 직원의 정중함'보다 350% 더 중요하다는 평가를 받았다.

가령 미국 소비자 10명 중 9명은 회사에 전화했을 때 5분 이상 기다리지 않는다고 말한다. 이 조사 결과를 접했을 때 우리는 휴대전화 스피커로 들려오는 '통화 연결음'을 듣는 것 외에 달리 어찌해볼 도리가 없는 상황에서 5분 이상 기다리는 나머지 10%는 어떤 사람들인지 궁금했다.

속도와 관련된 소비자 니즈에서 방심할 수 없는 부분은 그 니즈가 끊임없이 변화하는 표적이라는 점이다. 2010년에 빠르다고 여기던 것이 지금은 당연한 것이 되었다. 2000년에 빠르다고 여기던 것은 이제 느린 것이 되었다. 1990년에 빠르다고 여기던 것은 이제 아버지의 전축으로 오래된 레코드판 음악을 들으면서 버터를 직접 만들기 위해 재료를 휘젓는 일과 비슷해졌다.

　최근 약 30년 동안 우리 주변은 팩스에서 익일배송으로, 이메일에서 문자메시지로 그리고 넷플릭스와 모바일 앱 같은 온갖 '즉각적인 것'으로 진화했다. 이 속도라면 텔레파시가 가능해질 날도 멀지 않으리라. 그러나 속도는 소비자의 변화하는 기대 중 하나에 불과하다. 고객 경험의 다른 요소를 희생하면서 빠른 속도에만 치중하는 것은 토크 트리거가 아니다.

　물론 속도는 가차 없고 맹렬하다는 측면에서 독보적이다. 레스토랑이 '맛있는 음식'을 제공하는 것은 언제나 변함없이 중요하다. 그렇지만 음식을 '맛있게' 준비하는 기준은 매년 높아지는 것이 아니다. 반면 이야깃거리가 될 정도로 빠른 서비스에는 예외로 높은 잣대를 들이민다. 속도를 기반으로 한 토크 트리거를 만드는 게 어려운 이유가 여기에 있다. 속도는 움직이는 표적이라 토크 트리거가 주목할 만하려면 지속적으로 투자해야 한다. 그렇긴 해도 빠른 고객서비스라는 장점을 고수하기로 결정한 기업은 속도 덕분에 마치 조작된 슬롯머신처럼 계속해서 성과를 올린다.

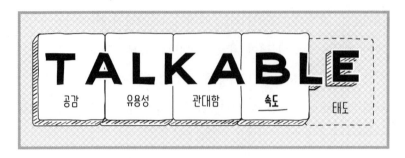

5가지 토크 트리거 유형

밤사이 뚝딱 고쳐서 가져다주는
정비 서비스

"소매 공간 관점에서 아마존이 구글보다 나은 이유는 무엇일까요? 구글은 고객을 제품이 있는 곳으로 안내하지만 아마존은 제품을 고객에게 가져다줍니다."

자동차 업계에 35년 동안 몸담아온 베테랑 브라이언 벤스톡의 말이다.

인터뷰에서 그는 구글은 미국의 첫째가는 검색엔진이지만 고객이 제품을 구매하려 할 때만큼은 아마존이 최고의 검색엔진이라고 말했다. 아마존은 가장 저항이 적은 경험을 제공하기 때문이다. 다른 어떤 것보다 아마존을 이용할 때 욕구와 충족 사이의 거리가 짧다. 벤스톡은 바로 이것을 자동차 서비스에 도입하려 노력하고 있다. 그러면 그가 생각하는 토크 트리거의 핵심은 무엇일까? 투박하고 세련과 거리가 먼 서비스 경험을 매끄러운 소매 경험으로 만드는 것이다.

벤스톡은 파라곤 디렉트Paragon Direct의 부사장이자 총지배인으로 공인 중고 혼다 아큐라 자동차 판매왕이다. 그의 성공 비결 중 하나는 업계에서 오랫동안 이어져온 관행 중 대다수가 딜러에게는 편리하지만 고객에게는 몹시 불편하다는 것을 이해한 점이다. 왜 자동차 소매업체는 높아지는 고객 기대의 무덤이 된 것일까? 제조업체와의 프랜차이즈 계약에 따른 사실상의 독점 때문이다.

대리점의 서비스 부서는 보통 저녁 5~6시에 문을 닫으며 주말에는 근무하지 않는다. 이 관행은 지피 루브Jiffy Lube, 마이네케Meineke, 펩 보이스Pep Boys 같은 서비스 업계 전체로 퍼졌다.

벤스톡은 이렇게 주장한다.

"대리점 서비스 시간은 오로지 중개인에게만 편리합니다. 중개인 보호를 위해 고안한 프랜차이즈 시스템은 사실상 고객 경험을 형편없이 떨어뜨리고 있습니다. 그 덕에 중개인들은 빠르게 변화하는 세상에서도 굼벵이로 남을 수 있었죠. 고객은 우리 때문에 고역을 치렀고요. 고객이 우리 없이도 일처리가 가능한 순간이 오면 망설임 없이 그렇게 하리라는 자각에 파라곤은 겁이 나고 초조해졌지요."

파라곤의 토크 트리거는 고객의 자동차를 수거하고 배달하는 것이다. 물론 자동차 서비스와 수리는 모든 자동차 딜러에게 가장 큰 수익원이라 서비스 처리량을 극대화하는 것은 최우선 사항이다. 이는 대부분의 자동차 소매업체에 그리 복잡한 일이 아니지만 뉴욕은 빠르고 편리한 서비스를 제공하는 데 어려움이 따른다.

벤스톡은 뉴욕의 고질적인 교통 정체를 고려할 때 고객들이 어디에 있든 그곳을 찾아가는 것은 굉장히 귀찮은 일이라는 것을 깨닫고 맨해튼의 새로운 장소를 찾았다. 파라곤의 다음 아이디어는 맨해튼의 동서남북에 자동차 전달 장소 4곳을 만드는 것이었다. 그러나 그것만으로는 고객의 기대에 미치지 못했다.

"그 후 우리는 '맨해튼의 모든 주소지에 혼다 대리점을 두면 어떨까?'라는 생각을 했습니다."

이것이 파라곤 디렉트에 영감을 주었다. 벤스톡 팀은 고객이 뉴욕시 어디에 살든 그들의 주소지로 찾아가 자동차를 수거하고 필요할 경우 대차도 해준다. 이어 고객의 차를 퀸즈 우드사이드의 파라곤 지점으로 가져와 수리한 뒤 다시 고객의 집이나 사무실로 배달해준다.

이것은 우버와 비슷하다. 다만 우버는 차가 오도록 요청하지만 파라곤 디렉트의 고객은 자신의 차를 가져갔다가 되돌려주도록 요청한다.

파라곤 디렉트가 자동차를 수리할 때 가장 큰 문제는 대리점에 있지 않은 고객에게 차에 어떤 조치를 취해야 하는지 설명하는 일이다. 파라곤 디렉트는 한층 강화한 고객 커뮤니케이션과 작업 승인 방법을 만들었다. 벤스톡은 고객 입장에서 서비스 부문 경험은 대부분 최적에 미치지 못한다고 말한다. 그는 이렇게 설명했다.

"커피도, 도넛도 형편없습니다. 틀어놓은 TV 프로그램은 고리타분하고요. 고객은 차를 작업장에 들여보낸 뒤 타이어가 굴러가도록 만드는 데 1시간이나 기다립니다. 이후 차에 새로운 브레이크가 필요하다는 것을 알게 되죠. 서비스 상담사는 다시 고객에게 가서 새로운 브레이크와 회전자가 필요하다고 말합니다. 그 시점에 고객이 궁금해 하는 것은 단 2가지입니다. '얼마나 걸리나요?', '수리비가 얼마인가요?' 두 질문의 대답 중 고객이 좋아하는 것이 있을까요? 없습니다."

고객이 직장이나 집에 있고 차는 파라곤에 있으면 일은 더 힘들어진다. 그러나 고객이 추가 작업을 승낙할 가능성은 더 높아진다고 한다. 이는 웹 기반 고객 커뮤니케이션 시스템의 투명성 덕분이다. 파라곤의 서비스 담당자는 고객의 브레이크 사진과 새 브레이크 사진을 비교해 마모 정도를 보여주고 고객에게 부품과 공임을 승낙할지 묻는다. 그 세부 작업으로 서비스 담당자가 수행할 정비 내역과 왜 수리가 필요한지 설명하는 내용을 담아 짧은 동영상도 만든다. 벤스 톡이 말했다.

"고객이 그 자리에 있지 않다는 점은 투명성과 신뢰도를 높입니다. 그 반대가 아닙니다. 고객이 대리점 로비에 앉아 있다가 브레이크 교체가 필요하다는 말을 듣는 경우 기존 브레이크 상태가 어떤지 확인할 가능성은 상당히 낮습니다."

차량 수거와 배달에 따른 편의, 사진을 동반한 실시간 작업 승낙으로 높아진 신뢰 외에 시간 단축이라는 혜택도 따라왔다. 배달을 포함해도 서비스에 걸리는 시간이 오히려 짧아진 것이다. 어떻게 그럴 수 있을까? 서비스 센터가 1년 365일, 24시간 문을 열고 있기 때문이다.

서비스팀은 고객을 맞이하고 상대하고 먹을거리를 준비해둘 필요 없이 오로지 수리에만 몰두할 수 있는데 이는 고객에게 더 큰 유연성을 선사한다. 벤스톡이 설명했다.

"고객에게 차량을 사용하지 않는 시간을 물어서 저녁 8시라고 응답하면 우리는 그 시간에 차를 수거해 수리한 뒤 그다음 날 아침 고객이 차를 필요로 하는 시간 전에 돌려줍니다. 차량을 운행하지 않는 시간의 94~96%를 최대한 활용하는 것이죠. 이것은 고객에게도 우리에게도 이익입니다."

벤스톡은 중개인의 서비스 수익이 해마다 증가하는 일은 흔치 않다고 말한다. 차량 수리는 대개 수익은 나도 정체된 사업 부문이다. 그런데 벤스톡의 빠르고 편리한 수거와 배달 시스템은 이 추세를 뒤집고 몇 개월 연속 최고 수익을 갱신했으며, 전체적으로는 20%가 넘는 성장률을 기록했다.

차를 수거해 스패너를 휘두르는 요정처럼 밤사이 말끔히 고쳐 아침에 돌려주는 것은 이야깃거리가 될 만한 속도의 아주 좋은 사례다. 파라곤 디렉트 서비스에 추가요금이 전혀 붙지 않아 효과는 더 좋다.

속도로 입소문을 만드는 또 다른 방법은 고객의 요청에 즉시 대응하는 게 아니라 고객이 어떤 도움이 필요한지 인식하기도 전에 대응하는 것이다.

고객이 알아차리기도 전에 분실물을 찾아주는 항공사

1919년 설립된 KLM은 암스테르담에 기반을 둔 네덜란드의 국영 항공사로 세계에서 가장 역사가 긴 상업 항공사다. KLM의 세계 소셜미디어 책임자 카를린 보겔-메이예르는 이렇게 말한다.

"사람들은 비행기에서 여러 가지 물건을 잃어버립니다. 보통 좌석 앞주머니에 아이패드 같은 것을 넣어두죠. 그러다가 비행기에서 내린 뒤에야 아이패드를 두고 왔다는 걸 깨닫습니다. 이때 사람들은 '제 아이패드는 어디어디행 어떤 비행기의 2D 좌석 앞주머니에 있습니다. 찾아주실 수 있습니까?'라는 트윗이나 포스팅을 합니다."

과거에는 승객이 항공사 웹사이트에서 분실물 서식을 작성해 제출하는 절차를 거쳐야 했다. 그리고 닷새가 지나면 고객이 KLM에 전화를 걸어 물건을 찾았는지 확인할 수 있다. 이는 많은 항공사가 채택한 흔한 방식이지만 세련과는 거리가 먼 절차다.

항공기에서 분실한 물건은 보통 승무원이나 청소부가 다음 비행을 준비할 때 발견한다. 과거 그들은 그 물건을 '2D 좌석에서 발견'이라는 메모와 함께 KLM의 중간 기착지 데스크에 맡겼고 항공사는 며칠 후 이 물건이 웹사이트에 올라온 분실 신고 물건과 일치한다는 것을 확인했다. 암스테르담은 유럽을 횡단하는 항공편을 비롯해 여러 항공편의 주요 기착지다. 이 말은 소지품을 비행기에 두고 내린 많은 승객이 직원이 물건을 발견한 시점에 연결 항공편을 기다리며 아직 공항에 있다는 의미다.

그런데 보겔-메이예르가 이끄는 소셜미디어 팀원으로 공항에서 일하는 한 직원이 고객에게 분실물을 찾아주는 더 나은 방법을 발견했다. 이 팀원은 태블릿과 스마트폰만으로 고객서비스를 사후 대응에서 사전 대응으로 바꿔놓았다. 그녀는 직원이 주도적으로 행동하는 KLM 문화에 따라 별도의 위원회 소집이나 공식 정책 변화 없이 승무원들에게 분실물을 KLM 기착지 데스크로 가져오는 대신 전화를 걸어달라고 부탁했다. 그러면 그녀는 태블릿으로 고객의 여행 일정을 확인해 가령 해당 고객이 45분 후 37번 게이트에서 파리로 출발하는 비행기를 탄다는 것을 알아낸다.

보겔-메이예르가 설명했다.

"그녀는 곧 해당 게이트로 달려가 고객을 찾은 다음 '물건을 잃어버렸습니까?'라고 묻습니다. 보통은 아직 잃어버렸다는 사실조차 모르고 있다가 아이패드를 돌려받죠."

이 사전 대응 프로그램은 대단히 성공적이었고 대개 임신 등의 이유로 비행이 불가능한 승무원으로 구성한 스키폴 국제공항팀 전체에 확대되었다.

이 같은 사전 대응은 기대하기 힘들고 흔치 않은 일이라 고객들의 대화를 촉발한다. 비행기 탑승을 기다리는데 제복을 입은 항공사 직원이 다가와 당신의 아이패드를 전해주면 마법처럼 느껴지지 않겠는가!

Kostis A. Tselenis
@kotselen

Follow

KLM은 좋은 항공사고 서비스도 훌륭하다. 더구나 비행기에서 물건을 분실했는데 즉각 전문적인 대응을 해주었다! 계속 수고해주십시오!

7:09 AM - 12 Apr 2016

이 토크 트리거는 현재 KLM에서 커다란 효과를 내고 있다. 그러나 이런 상황이 영원히 지속되지는 않을 것이다. 고객의 기대는 계속 변화하고 속도와 반응성 부분에서는 더욱 그렇다. 워커 인포메이션^{Walker} ^{Information} 사의 연구에 따르면 앞으로 고객은 이렇게 변화한다.

"고객은 기업이 개별 니즈를 이해하고 경험을 개인화하길 기대합니다. 고객은 기업이 자신의 현재와 미래의 니즈를 사전에 관리하고 해결해주길 기대하기 때문에 즉각 해결해주어도 충분히 빠르다고 받아들이지 않습니다."

이제 입소문으로 고객을 늘리는 마지막 방법, 즉 이야깃거리가 될 만한 태도를 알아보자.

TALK
TRIGGERS

CHAPTER 12

태도
고객에게 예상치 못한
놀라움을 선사하라

기업을 전체로 뭉뚱그려 묘사해보라는 요청을 받으면 고객들은 여러 가지 형용사를 떠올릴 테고 그중에는 욕설도 있을 것이다. 반면 '멋지다.'를 떠올리는 사람은 드물 가능성이 크다.

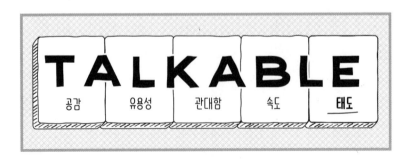

5가지 토크 트리거 유형

장의사 하면 따분함을 예상하고 회계사에게 과묵한 분위기를 기대하는 것은 당연하지만 사실상 거의 모든 기업 역시 정말로 심하게 진지하거나 적어도 평범한 분위기를 풍긴다.

따라서 충만한 기쁨과 예민한 직감으로 고객의 예상을 깨뜨릴 경우 태도로 토크 트리거를 만들 커다란 기회를 얻는다.

제이 배어의 재단사는 이 접근법의 달인이다. 칼레브 라이언은 엘리베이티드 시티즌Elevated Citizen의 소유주로 그는 이 회사 이름으로 자신의 EC 샨탈EC Chantal 의류라인을 선보였다. 라이언은 미국 전역에 있는 클라이언트의 집이나 사무실을 찾아가 합리적인 가격에 좋은 품질의 양복과 겉옷을 디자인하는 맞춤 남성복 의류업자다. 그는 단추만 해도 수백 종류를 제공할 만큼 세부사항까지 세심하게 검토하는 숙련된 장인이자 전형적인 남성복의 고루한 기준을 답습하는 걸 거부하는 인물이다.

이 태도는 그가 자신이 만든 옷에 메시지를 숨겨놓는 데 기울이는 애정만 봐도 알 수 있다. 모든 EC 샨탈 양복의 세 부분, 즉 재킷 안주머니 위, 재킷 칼라 밑, 바지 지퍼를 열었을 때 보이는 부분에는 라이언의 재치가 숨어 있다.

라이언은 늘 여기에 익살스럽고 아이러니한 마지막 손길을 추가한다. 처음에는 재단상의 한계 때문에 그의 창의력이 제한을 받았지만 말이다. 라이언이 말했다.

"처음에는 맞춤코드(의복을 정의하고 제작하는 데 사용하는 기술) 때문에 두 글자밖에 넣을 수 없었어요. 그래서 머리글자만 들어갔죠."

이제 글자 19개를 활용하는 라이언은 이 일에 전보다 더 큰 관심을 쏟고 있다. 거의 모든 클라이언트가 옷에 적힌 메시지를 얘기하며 나아가 그에게 어떤 메시지든 넣으라고 자유재량을 준다. 새로 맞춤 양복을 받고 바로 바지 지퍼를 열어 라이언이 어떤 글귀를 넣었는지 확인하는 일은 고객에게 특별한 기대감을 선사한다. 제이의 새 양복 지퍼를 열자 이런 글자가 있었다.

'토크 트리거'

셔츠도 제작하는 라이언은 데님라인을 추가할지 고민하고 있다. 하지만 양복 전문가인 그가 EC 샨탈의 증정품으로 테리 직물로 만든 머리띠를 제공하는 일은 없을 것이다. 이야깃거리가 될 만한 태도의 또 다른 사례인 우버플립Uberflip은 바로 그런 반전을 시도한다.

형광분홍색 머리띠로 이미지를 각인한 소프트웨어 회사

2012년 요브 슈왈츠와 랜디 프리슈가 온타리오주 토론토에서 설립한 우버플립은 마케터들이 자신의 동영상, 보고서, 블로그 포스트, 소셜미디어를 주목을 끌 만한 콘텐츠로 만들도록 도와주는 B2B 소프트웨어 회사다.

우버플립의 소프트웨어는 디지털 마케터의 일을 도와줌으로써 잠재고객이 그 마케터들이 만든 콘텐츠와 더 쉽게 상호작용하게 만든다. 프리슈는 인터뷰에서 우리에게 말했다.

"회사가 일을 쉽게 만드는 방향으로 가고 있음을 깨달은 우리는 스스로 지나치게 진지해질 필요가 없다고 생각했습니다."

우버플립이 이 전제를 고수하는 방법 중 하나는 회사의 고유 색상인 분홍색을 광범위하게 사용하는 것이다. 우버플립은 모든 것이 분홍색인데 이 색상은 전형적인 B2B 소프트웨어와 잘 어울리지 않는다. 이를 두고 프리슈는 다음과 같이 말한다.

"1980년대 형광 분홍색은 택하고 싶지 않았고 밝은 핑크색은 절대 사절이었습니다. 고르는 데 상당한 시간이 걸렸죠. 이 색상의 실제 이름은 루빈 레드입니다. 사실상 붉은색이죠. 하지만 이 색상을 보는 사람들은 모두 분홍이라고 생각합니다."

우버플립이 일반성에서 벗어나는 두 번째 방법은 마케팅과 영업 절차를 숨기는 장막을 걷어내는 것이다. 이 점이 특히 효과적인 것은 우버플립의 영업 대상이 아직도 해체를 아쉬워하는 밴드 뉴키즈 온 더 블록의 나이든 팬들만큼이나 지친 마케터들이기 때문이다.

프리슈는 이렇게 말했다.

"처음에는 '안녕하십니까! 저는 우버플립의 스티브라고 합니다. 제게 연락하면 도움을 드리겠습니다.'라고 전형적인 이메일을 보냈어요. 그때 저는 주위를 보며 말했죠. '우리는 사람들에게 헛소리만 해

대고 있어. 이들은 메일이 자동 발송된다는 걸 다 안다고. 우리가 무슨 일을 하는지 정확히 꿰뚫고 있어.'"

프리슈와 그의 팀은 이 얼간이 같은 가짜 스티브를 더 인위적인 인물인 케이티로 바꾸었다. 이번에는 잠재고객에게 그것이 반복적인 루틴이라는 걸 알렸다. 첫 번째 이메일은 이랬다.

"안녕하세요, 저는 케이티라고 합니다. 당신 역시 B2B 마케터니 솔직히 말씀드리겠습니다. 저는 실제 인물이 아닙니다. 저를 어떤 사람으로 만들지 마케팅팀이 많이 고민한 끝에 나온 인물이죠. 앞으로 받을 이메일을 즐겨주시면 감사하겠습니다. 우리 마케팅팀은 제가 말하는 단어 하나하나까지 정말 깊이 생각하고 있습니다. 우리는 당신에게 솔직할 것이고 당신을 존중할 것입니다. 당신은 이 분야에 정통한 분이니 모든 걸 내려놓을 생각입니다. 바로 여기에 우리가 당신의 일에 도움을 줄 수 있다고 생각하는 이유가 있죠. 우리와 대화하고 싶다면 연락주세요."

분홍색은 다르다. 솔직함도 그렇다. 하지만 우버플립의 진짜 토크 트리거는 정상에서 더 많이 벗어나 있다. 이 책에 등장한 기발한 사례 중에서도 원저원의 '커트에게 전화해 티셔츠를 받으세요.'라는 입소문 엔진쯤이라야 견줄 수 있을 정도다. 우버플립의 토크 트리거에서 핵심은 머리띠다.

회사 초창기에는 프리슈가 마케팅과 홍보를 모두 맡았다. 한번은 우버플립이 사우스 바이 사우스웨스트^{South by South West, SXSW}가 텍사스주 오스틴에서 주최하는 영향력 있는 행사의 한 파티를 공동 주최할 예정이었다. 그 파티 손님에게 줄 증정품이 필요했는데 프리슈는 일을 어떻게 진행했는지 정확히 기억했다.

"저는 구글에서 '루빈 레드 장식'을 검색했습니다. 첫 페이지에서 최소 구매량이 100개에 단가가 3달러도 되지 않는 머리띠를 발견했죠. 정확히 7분이 걸린 조사였어요."

SXSW에는 비밀 아닌 비밀이 있다. 컨퍼런스 참석자가 가능한 한 모든 파티에 참가 의사를 밝히지만 정작 나타나는 사람은 몇 안 된다는 점이다. 우버플립의 경우도 다르지 않았다. 3,000명이 파티에 참석하겠다고 연락했으나 정말로 참석해서 머리띠를 달라고 한 사람은 90명뿐이었다.

프리슈와 그의 팀은 남은 10개의 머리띠와 자사를 전혀 알지 못할 확률이 높은 3,000명의 이메일 목록을 들고 토론토로 돌아왔다. 이럴 때 보통은 미참석자에게 '참석하지 못한 것을 안타깝게 생각합니다. 여기 우리 소프트웨어가 어떤 일을 하는지 자료를 첨부합니다.' 같은 내용의 메일을 보내는 접근법을 취한다.

그것이 한쪽 길이라면 프리슈는 다른 길을 택했다.

우버플립이 SXSW 이후 보낸 '파티에서 나눠드린 머리띠를 잊고 가셨습니다.'라는 제목의 후속 이메일에는 프리슈와 세 고객이 충격적인 분홍색 머리띠를 착용하고 있는 사진과 함께 이런 메시지가 담겨 있었다.

"머리띠를 원하십니까? 10개밖에 남지 않았습니다. 하나를 원한다면 연락주세요. 보내드리겠습니다."

75분 만에 150명이 머리띠를 요청해왔다. 프리슈가 설명했다.

"우리는 망설이지 않고 머리띠를 더 주문했죠. 사람들은 우리 브랜드를 머리에 착용하길 원했어요!"

추세를 파악한 우버플립은 마케팅 전반에 이 머리띠를 활용했고 사람들에게 머리띠를 어떻게 사용하고 있는지 사진으로 촬영하도록 격려하기 시작했다. 우버플립은 2만 개 이상의 머리띠를 나눠주었는데 이 분홍색 머리띠는 토크 트리거가 되었다. 프리슈가 말했다.

"컨퍼런스에 가면 사람들은 항상 우리에게 와서 말합니다. '당신들 회사가 그 머리띠 회사죠? 제 사무실 책상 위에도 하나 있어요.'"

우버플립 분홍색 머리띠

통화 연결음으로 재미있는 충격을 안겨준
전화회의 플랫폼

태도를 토크 트리거로 사용하기 위해 이름에 꼭 '우버^{uber}'라는 단어를 집어넣어야 하는 것은 아니다. 분위기와 취지를 활용한 입소문의 세 번째 사례가 우버컨퍼런스^{UberConference}임을 고려하면 나쁘지 않은 선택 같지만 말이다.

앞에서 우리는 미국 소비자 10명 중 9명이 통화 대기 시 5분 이상 기다리지 않는다고 했다. 기업이 대부분 통화 연결음과 메시지를 만들 때 어색하고 강압적이라서 그런 결과가 나오는 듯하다.

고객이 기다리는 동안 어떤 것을 제시해야 하는지는 의견이 두 갈래로 나뉜다. 첫 번째는 고객의 잠재된 분노를 굉장히 차분한 선율로 가라앉히는 '평온 접근법^{tranquility approach}'이다. 이런 음악에는 색소폰이 아주 많이 등장한다. 두 번째는 고객이 옴짝달싹할 수 없는 이 상황을 더 많은 구매로 유도하는 환상적인 시점으로 생각하는 관점이다.

우버컨퍼런스는 첫 번째도 두 번째도 아닌 세 번째 시각을 택했다. 그것은 통화 대기 시간을 전화를 건 사람의 하루에 조금이라도 밝고 경쾌한 분위기를 더해줄 기회로 이용하는 것이다. 이 회사에 전화를 걸면서 '야호, 전화회의라니!'라고 생각하는 사람은 없을 테니 말이다.

2012년 샌프란시스코에서 설립된 우버컨퍼런스는 웹 기반 전화회의 플랫폼으로 화면상으로 서류를 공유하는 기능도 있다. 우버컨퍼런스에서 참가자가 10명 이하인 전화회의는 무료이기 때문에 가격 면에서도 굉장한 이점이 있다. 이에 따라 우버컨퍼런스는 중소기업 사이에서 대단히 인기가 높으며 이 시스템에서는 시간당 수천 건의 회의가 이뤄진다.

회의 '진행자'가 참여하기 전 로그인한 참가자는 대부분 지금은 유명해진 통화 연결음을 듣는다. 그런데 바로 이 음악이 우버컨퍼런스의 토크 트리거가 되었다. 이 회사는 맞춤형 통화 연결음을 업로드할 수 있는 기능을 제공하지만 기본 음악이 무척 좋아서 시간을 들여 음악을 바꾸려는 고객은 거의 없다.

자신이 마케팅팀이 만들어낸 가상의 인물임을 인정한 우버플립 이메일 속의 케이티와 마찬가지로 포크 음악과 컨트리 음악에서 영감을 얻은 우버컨퍼런스의 노래는 대기 시간이 활기를 주거나 유용한 것처럼 가장하지 않고 그 시간의 지루함과 공허함을 인정한다. 다음과 같은 가사도 있다.

난 온종일 여기 대기실에 앉아 있는 중이지.

난 친구들을 기다리고 있지.

그래, 나는 이 컨퍼런스 콜을 기다리고 있어. 혼자서 말이야.

나는 대기 중이지.

그래, 나는 대기 중.

온종일이 아니었으면 좋겠네.

하하.

이 노래는 우버컨퍼런스의 공동설립자이자 크리에이티브 디렉터인 알렉스 코넬이 썼다. 그는 경제전문지 〈패스트 컴퍼니〉에서 이렇게 말했다.

"그 노래는 사람들에게 충격을 주었습니다. 재미있는 방식으로 말입니다. 매일 그 노래가 근사하다는 트윗이 많이 올라옵니다."

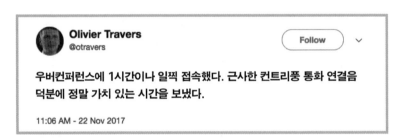

Olivier Travers
@otravers

Follow

우버컨퍼런스에 1시간이나 일찍 접속했다. 근사한 컨트리풍 통화 연결음 덕분에 정말 가치 있는 시간을 보냈다.

11:06 AM - 22 Nov 2017

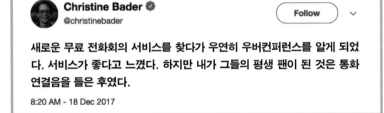

Christine Bader ✔
@christinebader

Follow

새로운 무료 전화회의 서비스를 찾다가 우연히 우버컨퍼런스를 알게 되었다. 서비스가 좋다고 느꼈다. 하지만 내가 그들의 평생 팬이 된 것은 통화 연결음을 들은 후였다.

8:20 AM - 18 Dec 2017

이 노래는 분명 고객들의 많은 대화를 촉발했다. CEO 크레이그 워커는 이 노래가 우버컨퍼런스의 특징 중 가장 많이 언급되는 것에 속한다고 말한다.

우버컨퍼런스를 설치하고 직접 들어보라. 아니면 우리 홈페이지로 가서 코넬이 작곡한 표준 버전과 유튜브에서 돌풍을 일으키고 있는 스콧 브래들리 앤 포스트모던 주크박스^{Scott Bradlee and the Postmodern Jukebox}가 만든 최신 버전 링크를 찾아볼 수도 있다(주의: 한동안 두 노래가 머릿속에서 떠나지 않을 것이니, 내일까지 이 책을 옆으로 치워둘 각오를 하기 전에는 듣지 말 것).

이야깃거리가 되는 태도는 효과적인 입소문 전파 요인이 될 수 있으나 근거가 확실하고 믿을 만하려면 회사의 문화 DNA와 맞아떨어져야 한다. 우버플립의 분홍색 머리띠는 공동창립자 랜디 프리슈의 아이디어였다. 우버컨퍼런스의 통화 연결음은 공동창립자 알렉스 코넬이 작곡하고 녹음했다. 이것은 우연이 아니다.

그렇다고 꼭 창립자나 간부가 토크 트리거를 만들어야 하는 것은 아니다. 사실 이 책에 나오는 사례는 대부분 고위 경영진이 개발한 게 아니다. 그러나 태도를 토크 트리거 원형으로 만들고자 한다면 최고위층을 비롯한 조직의 모든 수준에서 그것을 받아들여야 한다. 태도가 토크 트리거 역할을 하기 위해서는 진짜로 '느껴야' 하며 그 느낌은 모두가 한배를 타고 있어야 생긴다.

토크 트리거를 이용해 다른 사람들을 배에 태우는 일은 이 책의 마지막 부분에서 다룬다. 우리는 토크 트리거를 찾고 개발하고 시작하고 평가하는 방법을 챕터 13~19에서 자세히 보여줄 것이다.

당신은 차별화 요소가 토크 트리거가 되는 데 필요한 4가지 요구 조건을 알고 있다. 그리고 파트 3에서 5가지 토크 트리거 유형도 배웠다. 이제 직접 자신의 토크 트리거를 만들 준비가 되었는가?

토크 트리거를 구축하고 공개하고 평가하는 6단계 과정을 본격적으로 배우기 전에 당신은 지금 어떤 상태인가? 이 책을 읽으면서 우리에게 묻고 싶은 것이 있는가? 그렇다면 잠깐 시간을 내서 우리에게 메일을 보내길 권한다. 곧바로 궁금증을 해결할 수 있을 것이다.

PART 4

강력하고 오래가는 입소문을 만드는 6단계 과정

당신은 토크 트리거를 단순히 이목을 끌려는 술책과 구분하기 위한 4가지 조건을 배웠고 이제 5가지 토크 트리거 유형도 알게 되었다. 우리는 이렇게 토크 트리거의 기본 구조를 일러준 뒤 당신이 결국은 사

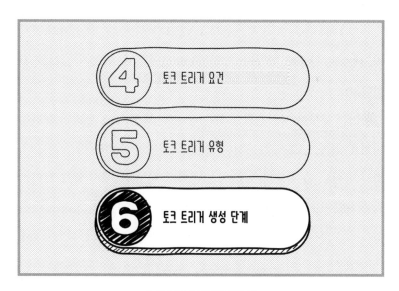

4-5-6 토크 트리거 시스템

용 가능한 토크 트리거를 얻을 것이라고 여기며 떠나버릴 수도 있다.

그렇지만 우리는 토크 트리거가 무엇인지 밝히고 분류하는 것은 가정용 건축자재 판매점 홈디포의 배관 제품을 이제 막 알게 된 사람에게 건축 잡지 〈아키텍추럴 다이제스트〉 한 부를 건네는 것과 비슷한 일이라는 것을 깨달았다. 당신은 다른 사람들이 어떻게 했는지 살펴려고 여기에 있는 게 아니고 토크 트리거를 만들기 위해 있는 것이다. 이 아이디어들이 어떻게 개념 단계에서 고객의 대화를 유발하는 단계에 이르는지 잘 이해하려면 진행 중의 엉망인 상태도 보아야 한다. 토크 트리거가 어떻게 만들어지고 관리를 받는지 이해함으로써 당신은 진정 독특하고 주목할 만하며 조직 내에서 오래가는 토크 트리거를 만들 수 있다.

파트 4에서는 4-5-6 시스템의 '6'에 해당하는 토크 트리거의 리서치, 테스트, 활용에 어떻게 조직적으로 접근할 수 있는지 살펴볼 것이다.

우리는 대부분 사회생활을 하는 동안 한 번쯤 토크 트리거를 만들 기회를 얻는다. 토크 트리거는 드문 게 아니라 오히려 아주 흔하다. 회사의 어느 한 부분이 소유 대상이 아니라는 측면에서 토크 트리거는 독특하기도 하다. 어떤 경우에는 마케팅 부서가 관리하고 또 어떤 경우에는 회사 창립자가 만든다(이 책에 사례로 나오는 록버스터, 우버플립, 우버컨퍼런스 등).

인터뷰를 진행하면서 우리는 각 회사가 토크 트리거를 만든 과정,

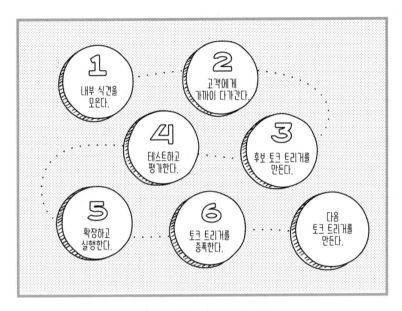

토크 트리거를 만드는 6단계 과정

즉 어떻게 아이디어를 떠올렸는지, 어떻게 타성을 극복하고 그 일을 해냈는지, 결단을 고수하도록 이끈 지표는 어떻게 식별해냈는지 더 잘 이해하기 위해 상당한 시간을 보냈다.

그 과정에서 우리는 흥미로운 패턴을 발견했다. 초기 아이디어 자체는 매우 다양했지만 실제 채택 과정은 대부분의 조직이 유사했는데 이는 고객에게 헌신하려는 노력을 반영한다. 우리와 인터뷰한 이 책에 등장하는 기업들은 아이디어를 시험하면서 고객이 미소 짓는 순간을 찾았다. 그들은 스토리텔링의 먹잇감이 될 만한 아이디어를 찾아다녔고 거의 모든 경우 고객의 소리에 귀를 기울이는 데 광적으로 몰두했다.

우리는 우리가 배운 것을 토크 트리거의 확인, 테스트, 관리에 관한 6단계 과정에 담았다. 이 과정이 효과적인 것은 그것이 무언가 다르게 하는 데 집중하고 있기 때문이다. 이 단계들은 순차적이고 체계적이지만 드러나는 방식은 조직마다 다를 수 있다. 소규모 조직에서는 일부 단계를 대규모 조직에 비해 빨리 진행할 수 있는 반면, 대규모 조직은 고객 의견을 수렴하기 위한 과거 리서치 활동을 이용하면서 규모의 경제를 경험할 가능성도 있다.

이 6단계는 고객이 계속 당신 이야기를 하게 만들 전략적이고 반복 가능하며 의미 있는 차별화 요소를 창조하도록 도와줄 것이다.

우리가 여러 인터뷰에서 발견한 또 다른 식견은 토크 트리거 같은 계획을 효과적으로 실행하려면 훌륭한 절차와 사고방식이 모두 필요하다는 점이다. 위대한 아이디어가 탄생과 동시에 번성하는 것은 극히 드문 일이다. 토크 트리거는 제품과 비슷하게 움직인다. 그것은 지속적인 진화, 최적화, 개량, 사용자 피드백을 필요로 한다. 제대로 된 토크 트리거는 약간만 변화를 주어도 뛰어난 토크 트리거가 될 수 있다. 반면 뛰어난 토크 트리거도 시장 역학이 변하면 적절치 않은 것으로 바뀌기도 한다. 좌절하지 않고 추진력을 잃지 않으려면 적절한 사고방식을 유지해야 한다.

내부 장애를 관리하고 이 과정을 옹호하는 것은 조직의 토크 트리거 리더로서 당신이 짊어져야 하는 특별한 짐이다. 우리는 '방해물

해결사' 정신이 현실을 받아들이는 데 대단히 중요한 사고방식이라는 것을 발견했다. 당신은 곧 습관적으로 반대 의견을 내놓는 사람들과 부딪힐 것이다. 아이디어가 처음부터 받아들여지지 않아 좌절할지도 모른다. 그러므로 하나의 아이디어나 개념에 집착하지 않는 것이 중요하다.

세스 고딘이 《보랏빛 소가 온다》에서 말했듯 "당신과 프로젝트를 동일시하지 마라. 프로젝트에 쏟아지는 비판은 당신 자신을 향한 비판이 아니다."

본격적으로 6단계 과정을 알아보기 전에 이 같은 문제를 겪고 있는 다른 조직의 동료들을 알게 된다면 도움을 받지 않을까? 이 책의 독자인 당신은 우리 회원들만 활동하는 토크 트리거 커뮤니티의 구성원이기도 하다. 토크 트리거 커뮤니티는 입소문 마케팅을 옹호하는 구성원들로 이뤄진 온라인 집단이다. 우리 홈페이지로 가서 무료로 가입하라. 당신은 거기에서 각 단계마다 필요한 도움을 받을 수 있을 것이다.

내부 식견을 모아라

지금쯤 당신의 머릿속에는 여러 가지 아이디어가 있을 것이다. 어쩌면 그중 하나는 완벽한 것일지도 모른다! 당신의 아이디어는 토크 트리거가 되기 위한 4가지 기준에 부합하는가? 당신과 당신 회사에 가장 잘 맞는 토크 트리거 유형이 5가지 중 어떤 것인지 궁금한가?

훌륭하다! 이제 그 아이디어들을 행동으로 옮겨 조직이 이해할 수 있는 논리 궤적을 남겨야 한다. 그래야 적절한 아이디어를 찾았을 때 그 아이디어를 고수해 토크 트리거를 계속 진행할 수 있다. 당신 조직에 적합한 토크 트리거 유형을 파악하는 데 도움을 줄 내부 식견을 모으고 이후 당신이 마주할 가능성이 있는 다른 여러 문제를 해결하는 것부터 시작하자.

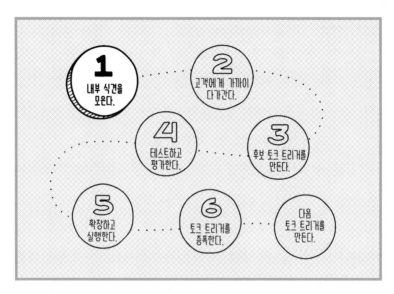

토크 트리거를 만드는 6단계 과정

조직의 모든 부서가 입소문의 주인이다

조직 내에서 효과적인 입소문을 만드는 첫 단계는 고객이 무엇을 원하는지, 고객이 당신 회사가 제공하는 제품과 서비스를 어떻게 이용하는지 등 고객 관련 정보를 모두 밝혀내는 일이다. 이것은 일종의 내부 인류학이다.

문제는 토크 트리거를 만들고 입소문을 유지하는 것이 특정 부서 '소유'가 아니라는 데 있다. 실제로는 모두가 입소문의 주인이다. 매번 차별화 요소를 이행하려면 조직의 모든 부서(회사가 크든 작든)가 필요하기 때문이다.

입소문이 당신 조직의 구조에 잘 맞지 않는 경우도 흔하다. 그것이 CEO의 책임일까? 아니면 마케팅에 속하는 것일까? 운영? 영업? 고객서비스? 이 모든 질문의 답은 '예스'다. 모든 부분이 긴밀하게 관련되어 있고 상당한 비중을 차지할 만큼 중요하다.

훌륭한 아이디어가 없으면 토크 트리거도 존재할 수 없다. 그 훌륭한 아이디어는 어디에서 나오는가? 그들의 보금자리는 어디인가? 요정처럼 다리 밑에 숨어 있을까? 영업 전화를 하다가, 고객지원 관련 대화를 하다가, 심지어 구내식당에서 음악을 듣다가 마법처럼 훌륭한 아이디어를 떠올릴 수도 있다.

그러나 '영감이 떠오르기를 기다리는' 것은 토크 트리거를 만들 때 믿을 만한 방법이 아니다. 사실 이것은 무엇을 창작하든 마찬가지다. 당신에게 필요한 것은 데이터를 깊이 분석해 그것을 선 밖으로 끌어내는 데 실제로 적용 가능한 시스템과 숙련된 사람으로 구성한 팀, 입소문이 효과를 발휘하도록 전념하는 팀이다.

어느 조직에든 토크 트리거가 어떠해야 하는지 강력하게 주장하는 사람은 있게 마련이다. 토크 트리거를 만드는 일에 누구를 포함할지 전략을 짤 때는 직무와 직함에 얽매이지 않아야 한다. 당신 회사에서 가장 목소리를 높여 직원의 생각을 대변하는 사람은 누구인가? 이미 파워유저거나 팬클럽을 시작했다는 이유로 고용한 사람은 누구인가?

테드 라이트는 그의 책《인플루언서 마케팅》에서 대화를 촉진하는 목표를 세울 때 직원들이 왜 중요한지 이야기한다.

"당신 직원들이 종종 회사 이야기를 한다는 사실을 잊지 마라. 그들 역시 커뮤니티의 일원이다. 퇴근 후 그들은 브랜드 대사 역할을 한다. 당신이 원하든 원치 않든 말이다."

입소문 어벤져스 팀 구성하기

토크 트리거 팀에 합류한 사람들의 활동이 결과를 좌우한다. 그 일을 마케팅팀에만 맡기면 캠페인 아이디어만 얻고 만다. 새로운 캠페인 아이디어도 쓸모가 없지는 않겠지만 토크 트리거가 무엇인지 스스로 상기할 필요가 있다. 그것이 모르는 사이 입소문을 만드는 운영상의 전략적 차별화 요소임을 말이다.

토크 트리거는 판매 술책이 아니라 사업상의 선택이다.

제품의 새로운 맛은 토크 트리거가 아니다. 새로운 친환경 포장도 (대부분) 토크 트리거가 아니다. 그런 것은 좋게 평가해도 차별화 요소가 아니고 최악의 경우 교묘한 속임수다.

적절한 팀을 꾸리는 것은 술책이 되지 않게 하는 1가지 방법이다. 블레이크 모건Blake Morgan은 《모어 이즈 모어More Is More》에서 직원들이 보유한 고유 지식을 다시 생각해보도록 해준다.

"직원들은 어떤 것이 고객 입장에서 가치를 창출하는지, 무엇이 비즈니스에 도움을 주는지와 관련해 굉장히 세부적인 지식을 갖추고 있다. 고객을 직접 대하는 직원이 창의적인 업무에 합류하면 실패 가능성을 줄일 수 있다. 이 경우 직원들이 자신이 참여해 이룬 개선과 변화를 더 적극 받아들이는 부수 효과도 얻는다.”

과연 어떤 직원에게 토크 트리거 창작팀의 일원이 되어달라고 요청해야 할까? 우리는 그 팀을 '기막히게 좋은 토크 트리거 트라이앵글'이라고 부른다.

기막히게 좋은 토크 트리거 트라이앵글을 구성할 때는 마케팅, 영

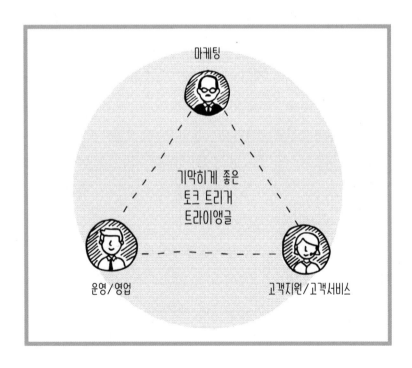

업, 고객서비스 부문 대표가 1명 이상 참여하게 해야 한다. 회사에 시장조사 인력이 있다면 그들도 반드시 팀에 포함한다. 당신이 교류하는 외부 광고나 마케팅 대리인도 마찬가지다. 그들이 상당한 고객 지식을 갖추고 있다면 더욱더 그렇다.

마케팅 담당자를 포함하는 데는 분명한 이유가 있다. 그들은 팬, 고객, 직원, 기타 이해관계자 사이에서 토크 트리거 대화를 촉진하는 임무를 맡을 것이기 때문이다. 그보다 더 큰 이유는 그 자리가 조직의 중심이라서다.

마케팅은 대개 비즈니스에서 가장 역동적인 부문이다. 마케팅의 중심은 실제 사람들 그리고 브랜드를 중심으로 오랜 시간에 걸쳐 그들과 구축해온 관계다. 효과적이고 훌륭한 마케팅에서 가장 중요한 것은 추진력을 포착하고 함양하는 일이다. 이것은 훌륭한 토크 트리거 문화의 뿌리다.

영업팀이나 운영팀은 고객 문제를 해결하는 일에 두려움 없이 나선다. 그들은 고객이 겪는 어려움과 시장이 놓치고 있는 것을 매일 목격한다. 영업팀에서 나온 식견은 토크 트리거 아이디어와 실제 제품 디자인에는 지나치게 난해할 수 있지만 반향을 이끌어내는 토크 트리거 개념을 탐색하도록 길을 열어준다.

고객서비스팀은 토크 트리거를 창작할 때 팀의 비밀 병기다. 이들은 일상에서 벌어지는 문제를 가장 가까이에서 보고 듣기 때문에 고객이 걱정하는 문제가 무엇인지 알고 있다. 한마디로 이들은 문제해결의 최일선에 있다. 고객의 불만에 집중하는 것은 장기적으로 고객에게 의미 있는 토크 트리거가 무엇인지 밝히는 좋은 방법 중 하나다.

우리는 이 접근법 역시 기막히게 좋은 트라이앵글이라고 부른다. 여기에 고객과 관련된 3가지 관점, 즉 시장 포지션(마케팅), USP(운영과 영업), 일상적인 고객 상호작용(고객서비스)이 포함되기 때문이다. 우리는 컨설턴트로 일하는 동안 기업이 이들 집단 간의 협력을 촉진하는 데 늘 어려움을 겪는다는 이야기를 들었다. 물론 그들은 그 일이 얼마나 중요한지 알고 있다. 어쩌면 당신은 토크 트리거 팀을 구성하는 것 자체가 계몽적·건설적인 활동일 수 있음을 배울지도 모른다.

우리는 앞으로 몇 챕터에 걸쳐 이 팀의 구체적인 활동과 과제를 제시할 것이다. 처음부터 기본 규칙을 설정하고 시작할 수도 있다. 그러면 토크 트리거 팀에게 광범위한 사고와 반복의 여지가 생긴다. CEO는 새로운 토크 트리거 팀의 각 구성원에게 첫 번째 회의에 가져올 몇 가지 과제를 부여해야 한다.

첫 토크 트리거 회의에서 다뤄야 할 12가지 데이터

먼저 마케팅팀에 다음 항목과 관련해 회사와 몇몇 경쟁사의 데이터 포인트를 수집하라고 요청하라.

브랜드 포지셔닝

소규모 기업도 대개는 브랜드의 목소리와 성격을 기록해둔다. 이런 조직적 게슈탈트는 이후 토크 트리거 아이디어에 관한 대화를 재구성하고 다시 집중하게 하는 데 도움을 주므로 지금 점검하는 것이 좋다.

현재의 입소문과 소셜미디어 추세

마케팅 담당자에게 자사 리서치 보관소나 출판물에서 입소문 추세 관련 리서치 데이터와 의견을 찾아오라고 요청한다. 에피소드나 흥미로운 이야기 정도면 대화를 시작하는 데 충분하다. 소셜미디어 데이터 분석은 그다음이다. 우선 추세에 집중하라.

경쟁적 포지셔닝

당신 브랜드는 경쟁 브랜드와 어떻게 겨루고 있는가? 당신 브랜드를 차별화하는 것은 무엇인가? 토크 트리거가 반드시 경쟁적 포지션에서 나와야 하는 것은 아니지만(그렇지 않은 토크 트리거도 많다) 최소한 초기 아이디어를 만드는 데는 도움을 준다.

시장조사

우리는 의도적으로 시장조사를 광범위한 범주에 두었지만 경제·지출 예측과 함께 현재의 소비자 행동 데이터를 살피는 것은 의미 있는 일이다. 분석가들은 당신 업계의 모습을 결정짓는 추세를 어떻게 예측하고 있는가? 토크 트리거는 종종 이러한 추세 중 하나와 직접 연결된다. 대다수 고객이 이용하는 이코노미 좌석을 개선하려는 노력을 배가한 에어뉴질랜드의 경우가 그렇다.

고객유지율 설문조사

몇 가지 다른 접근법으로 고객유지율을 평가할 수 있다. 여기서 당신이 던져야 하는 질문은 이것이다.

'고객들이 현재 우리와 계속 거래하는 이유는 무엇일까?'

순추천지수 분석

일부 조직은 순추천지수^{Net Promoter Score, NPS}에 거의 광적으로 집착하는데 우리도 NPS의 열혈 팬이다. 일정 시간에 걸쳐 관찰하면 NPS는 조직의 성과와 고객충성도를 엿보게 해준다. 이 NPS를 추적할 때는 조직 NPS 상태에 관심을 두어야 한다. 적절한 방향으로 상승하고 있는가? 정체기에 접어들었는가? NPS와 고객유지율에 관한 식견은 토크 트리거의 기회를 드러내는 데 도움을 준다.

토크 트리거를 찾는 일에 도움을 받고자 새로 시장조사를 의뢰할 필요는 없다. 그렇게 하면 오히려 정신을 산만하게 만드는 여러 개의 토끼 굴을 만날 수 있다. 고객은 자신이 정말로 원하는 것을 사전에 능동적으로 말해주지 않는다.

문영미는 이 문제를 간략하게 설명한다.

"공식 시장조사 문제가 여기에 있다. 소비자는 제품이 얼마나 더 좋아지길 바라는지는 얼마든지 말해줄 수 있다. 하지만 제품이 얼마나 '달라질 수 있는지' 말해줄 수는 없다. 더 중요한 것은 어떻게 해야 소비자를 놀라게 할 수 있는지 말해줄 수 없다는 점이다."

가령 당신이 약혼을 앞두고 있는데 상대가 항상 이야기할 만한 어떤 것으로 상대를 놀라게 하고 싶다고 해보자. 당신은 상대에게 어떤 약혼을 꿈꾸고 있느냐고 물어보겠는가? 그렇게 부족한 상상력으로는 미래 배우자가 두고두고 이야기할 감동을 주기는 힘들 것이다.

운영팀과 영업팀은 마케팅팀에 비해 여러 유형의 고객 데이터와 식견을 더 많이 접한다. 그러므로 그들에게 맡기는 과제는 달라야 한다.

경쟁사보다 유리한 점/ 불리한 점

회사가 경쟁 상황에 있다면 영업팀은 자사가 왜 이기고 있는지 혹은 왜 지고 있는지 반드시 이해하고 있어야 한다. 고객은 무엇 때문에 당신 회사 아니면 경쟁업체를 선택하는 것일까? 망설이는 고객을 끌어들이기 위해 경쟁업체는 어떤 특별한 가치를 고객에게 제안하는가? 경쟁업체는 자사 제품과 자사가 지키는 약속을 어떻게 묘사하고 있는가?

고객이 가장 많이 요청하는 것

아직 도입하지 않은 제품 기능이나 추가 사양 중 기존고객과 신규고객, 자사에 충성도가 높은 고객이 가장 많이 요청하는 것은 무엇인가?

그들이 우리 제품을 광적으로 좋아하는 이유

운영팀은 현장에서 고객들의 어떤 의견을 듣고 있을까? 제품을 사용한 고객의 반응을 비롯해 그들이 제품과 어떻게 상호작용하는지 알수 있는가? 제품의 광팬과 파워유저의 식견도 검토해야 한다. 그들은 당신 회사를 왜 그토록 좋아하는 것일까? 당신 제품의 어떤 면이 그들을 광팬으로 만드는 것일까?

고객의 불평불만에 가려진 진짜 문제

우리는 앞서 고객유지율을 살피는 방법 중 하나를 언급했다. 같은 질문을 다른 방식으로 표현할 수도 있다. 왜 사람들은 당신과 거래를 끊은 것일까? 이런 데이터로 당신은 시장에서 유리한 부분이 어디인지 정보를 얻고 당신의 토크 트리거 접근법 요소를 더 잘 규정할 수 있을 것이다. 고객서비스나 고객지원 팀에서 일하는 사람은 고객이 직면하는 현실 문제와 그 문제의 이면에 있는 고객 심리를 꾸준히 들여다볼 수 있다. 이들은 조직의 무드 링*이다. 그들에게 찻잎 점* 결과를 가져오라고 하라.

콜센터 상담 내역

대규모 조직의 경우 콜센터 상담 내역에서 숨은 보석을 많이 발견할 수 있다. 콜센터 상담 내역은 고객과의 상호작용을 상세히 담은 다량의 스프레드시트다. 거기에는 고객이 왜 전화를 걸었는지, 그들이 어디에서 전화했는지, 그들이 어느 층에 속하는 고객인지 등이 담겨 있다. 이 데이터는 고객의 행동, 니즈, 욕구를 자세히 보여준다.

일화

고객지원 인력은 운영팀이나 영업팀과 마찬가지로 매일 고객과 접촉한다. 하지만 고객지원팀이 고객과 나누는 대화 분위기와 논조는 크게 다를 것이므로 이 팀에게 고객의 행동, 사고방식, 요구, 니즈와 관련된 일화를 가져오라고 하라. 고객과 직접 대면하는 팀에게 설문조사를 실시하면 중역 회의실에서 논의하지 않고 콜센터 내역에도 드러나지 않는 가치 있는 사항을 찾을 수 있다. 고객서비스팀이 해결해주길 바라는 특정 문제가 있는가? 흔한 요청이지만 충족해줄 만한 도구가 없는 경우도 있는가?

공항에서 분실물을 취급하는 방식을 바꿔 토크 트리거를 만든

---

* mood ring, 끼고 있는 사람의 기분에 따라 색이 변하는 반지. 이 반지처럼 조직 내에서 시시각각 변하는 고객의 심리를 유일하게 알 수 있는 부서가 고객지원 부서라는 의미다.
* tea leaf reading, 차를 마시고 남은 건더기의 모양을 보고 치는 점. 고객의 불평 밑바닥에 깔린 그들의 진짜 문제와 심리 상태를 분석하라는 뜻이다.

KLM을 생각해보라. 이 계획은 경영진이 지시한 게 아니라 고객서비스 담당 직원이 고안한 것이다.

프레시북스의 공동창립자 마이크 맥더먼트는 어떻게 고객서비스 팀에 고객에게 소소한 스토리텔링 순간을 전달할 권한을 부여했는지 설명한다.

"우리는 고객 중 1명의 트위터를 추적하다가 그녀가 남자친구에게 바람을 맞았다는 것을 발견했습니다. 우리는 그녀에게 꽃다발과 함께 '우리는 당신을 바람맞히지 않습니다.'라는 메시지를 전달했지요. 이런 것은 사전에 계획할 수 없습니다. 개방적인 자세로 행동해야 합니다."

프레시북스팀이 만든 것은 실제 토크 트리거가 아니다. 기분 좋은 놀라움을 유발하는 행동의 경계에 있긴 해도 토크 트리거는 아니다. 그러나 아이디어를 더 조정해 우리의 핵심 요구사항을 활용하고 프레시북스를 다른 회계 소프트웨어 제공 업체와 구분해주는 진짜 차별화 요소로 바꿀 잠재력은 있다. 고객에게 꽃을 보내는 다른 소프트웨어 회사 이야기를 들어본 적 있는가? 이것은 고객서비스팀이 논의의 장으로 가져와 토크 트리거의 문을 열 수 있는 요소다.

데이터 수집의 기본 원칙

첫 토크 트리거 회의는 지금껏 나열한 과제들을 보고하는 자리에 지

나지 않는다. 이때는 아이디어를 내거나 가능성을 탐색하거나 실행
가능성을 논의하기가 어렵다. 일단 문제를 확인하면 그것을 해결하
려 애쓰는 탓에 이러한 태도를 갖추는 것이 쉽지 않다. 하지만 모든
데이터를 확인하고 광범위한 사고방식으로 접근하지 않으면 문제를
성공적으로 해결할 수 없다.

  우선 각 구성원(각 분야에 참석자가 다수면 그룹)은 현재 상황을 보고해
야 한다. 회의를 기록할 서기도 지명하라. 이때 찾아야 할 주요 항목
은 다음과 같다.

- 우리 고객의 몇 %는 자동차를 소유하지 않았다.
- 우리 고객의 몇 %는 지나치게 얼어버린 아이스크림
  에 불평한다.
- 고객은 더 많은 색상을 원한다.
- 사람들은 우리 포장이 열기 힘들다고 말한다.
- 우리는 B브랜드에 고객을 빼앗겼다. 그들이 그곳 마
  스코트 로고를 좋아하기 때문이다.
- 우리의 파워유저는 우리가 나쁜 결정을 막아줘 자신
  의 일자리를 지키는 데 도움을 준다고 생각한다.

  회의 결과 이러한 목록을 얻을 경우 내부 식견의 기초인 이 문서를
팀원과 공유해야 한다. 이렇게 첫 번째 회의를 마무리한다. 더 복잡한

것은 필요치 않지만 한 번의 회의로 토크 트리거를 만들 수는 없다. 우리의 경험상 식견을 모으고 분석할 때와 아이디어를 생각해낼 때 쓰는 머리는 다르다. 따라서 우리는 그 둘을 다르게 취급할 것이다.

다음 단계는 고객 데이터를 추가로 모아 고객의 별난 버릇, 니즈, 성격을 더 많이 이해하는 데 도움을 주는 페르소나를 만드는 일이다. 첫 회의 결과를 바탕으로 나온 초기 보고서는 다음 질문이 무엇이어야 하는지 탐색하는 데 도움을 준다.

이제 우리는 어디에서 데이터를 찾고, 데이터에 어떻게 접근하며, 데이터로 무엇을 하는지 살펴볼 것이다. 우리의 홈페이지에 가면 참조 가이드, 표, 프레젠테이션 견본을 비롯한 다른 많은 정보원을 얻을 수 있음을 잊지 마라. 그것들이 당신을 기다리고 있다.

고객에게
더 가까이 다가가라

다니엘 레민은 한 신용카드 회사의 커뮤니케이션 부서에서 사회생활을 시작했는데 콜센터에서 고객의 이야기를 들어주는 것도 그의 일 중 하나였다. 그 회사는 고객이 제품과 상호작용하는 것에 더 깊이 공감하도록 모든 직원에게 그 일에 참여하도록 권장했다.

어느 날 한 고객이 계정을 폐쇄해달라고 부탁했다. 그런 전화는 대개 정해진 매뉴얼에 따라 진행하는데 이번에는 상황이 좀 더 힘들었다. 고객이 계정에 접근하는 데 필요한 증거를 제시할 수 없었기 때문이다.

"사망했어요."

이 말을 듣고 고객서비스 담당자는 깜짝 놀랐다. 보통은 카드 소지자가 직접 전화를 하지만 당사자인 언니가 갑자기 세상을 떠나는 바람에 남은 유족인 여동생이 언니의 부채를 해결하기 위해 대신 전화한 것이었다.

전화한 사람이 보안 단어를 알지 못하자 당황한 서비스 담당자는 더듬거리며 그 상황을 해결할 내부 매뉴얼을 찾았다. 결국 그녀는 매뉴얼에 따라 고객의 문제를 해결했지만 그사이 고객도, 서비스 담당자도 채우기 힘든 어색한 침묵의 시간을 보내야 했다. 다니엘이 그 통화를 잊지 못하는 것은 그것이 정말 중요한 점을 분명히 보여주었기 때문이다. 당신은 고객이 제품과 어떻게 상호작용할지 알 수 없다! 설령 993개의 통화 매뉴얼이 있어도 곧 994번째 상황과 맞닥뜨린다.

시장조사, 연례 설문조사, 콜센터 내역으로 고객의 모든 것을 알 수는 없다. 회의실이라는 안락한 공간에 앉아서는 고객이 친구와 가족에게 이야기하고 싶을 만큼 기분 좋은 놀라움을 경험하게 해줄 토크 트리거 아이디어를 떠올리기가 어렵다. 대부분의 설문조사에서 드러나지 않는 것은 고객이 실제로 필요로 하는 것들이다. 고객은 더 빠른 속도, 더 낮은 가격, 더 빠른 프로세서, 더 다양한 샌드위치 토핑처럼 자신이 '원하는 것'에는 1에서 10까지 점수를 매길 수 있다. 하지만 자신이 정말 필요로 하는 것은 좀처럼 표현하지 않는다.

앞서 이야기한 글렌 고라브를 생각해보라. 다른 외과의처럼 수술 후 전화하지 않고 '수술 전에' 환자에게 전화하는 게 좋겠다는 특이한 견해는 고객의 입장에 공감한, 즉 수술 전에 의사에게 전화를 받으면 환자의 마음이 좀 더 편할 거라는 이해에서 비롯된 것이다. 설문조사에서 고객이 원하는 것(가령 의사의 전화)을 제안할 수도 있다. 그러나 거기에는 보통 언제 전화하면 좋을지 같은 세부사항은 포함되지 않는다. 환자의 긴장감을 풀어주고 보험 걱정을 덜어주려면 수술 후보다 수술 전에 전화하는 것이 낫다.

설문조사와 시장조사는 주로 고객 니즈의 표면적인 부분만 알려준다. 그것도 가치가 있고 토크 트리거의 원천일 수 있음은 분명하다. 그렇지만 설문조사에서 소비자가 '정말로' 원하는 것이 무엇이고 자신의 기대를 넘어서는 것이 무엇인지 솔직히 이야기하는 경우는 거의 없다. 설문조사 결과 고객이 값싼 제품을 원한다는 것을 알았을 경우 가격을 대폭 낮추는 것이 브랜드의 입소문을 만드는 데 도움을 준다는 의미일까? 그렇지 않다. 다만 기대를 충족해주는 것뿐이다.

공연이 끝나면 항상 팬들을 만나는 펜 앤 텔러의 행동도 마찬가지다. 펜 앤 텔러는 기억에 남는 공연 후 마법이 끝나지 않기를 바라는 사람들의 마음을 이해하기 때문에 그런 일을 한다. 고객이 정말로 원하는 것은 그 순간이 지속되는 것이다. 그들의 접근법이 그토록 좋은 효과를 내고 많은 입소문을 만드는 이유가 여기에 있다. 팬미팅에 추가요금을 부과하고 특정한 날에만 팬미팅을 하는 코퍼필드의 접근법은 입소문을 만들지 못한다. 예상을 넘어서지 않아서다.

고객이 원하는 것과 '정말로' 원하는 것 사이의 잘 보이지 않는 공간에 토크 트리거가 존재한다. 그 사이의 어둠을 몰아내려면 가능한 한 고객에게 가까이 다가가야 한다.

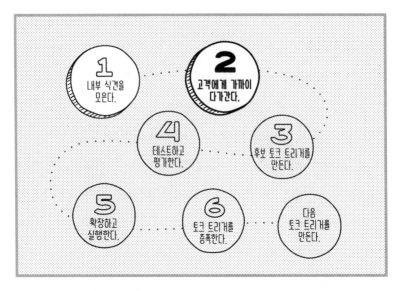

토크 트리거를 만드는 6단계 과정

고객이 원하는 것과 '정말로' 원하는 것 사이

기막히게 좋은 트라이앵글, 즉 토크 트리거 팀 구성원은 각자 다른
고객 데이터를 가지고 있고 다른 견해를 보인다. 앞서 서술했듯 첫
토크 트리거 회의는 팀 구성원이 각자 자기 영역에서 가져온 기존 데
이터를 공유하는 수준이다. 그 첫 회의에서 전체 팀원에게 이런 질문
을 던질 수 있다. 물론 이들 질문에 답할 자료는 없을 가능성이 높다.

• 고객은 우리 제품을 어떻게 경험하고 있는가?

- 고객이 현재 우리를 추천하는 이유는 무엇인가?
- 힌트가 없는 상태에서 고객은 우리 브랜드와 관련해 어떤 이야기를 하는가?
- 힌트가 없는 상태에서 고객은 우리 경쟁업체나 협력 업체와 관련해 어떤 이야기를 하는가?
- 제품 경험에서 토크 트리거를 도입하기에 적절한 시점은 언제인가?

이것은 가능한 한 고객에게 가까이 다가서야 답할 수 있는 어려운 질문이다. 이 목표를 달성하는 데는 다양한 기제가 있으므로 그것을 하나씩 살펴보자.

영감의 원천이 설문조사 데이터일 가능성은 낮다. 그래도 괜찮다. 지금 당신이 아는 것의 틀을 잡으려면 기존고객 데이터를 이용해야 한다. 이를 바탕으로 고객의 행동, 의견 나아가 고객 심리와 관련해 초기 식견을 얻을 수 있다.

특히 설문조사 데이터는 고객 경험에서 시간에 따른 기대 기준으로 유용하게 사용할 수 있다. 고객이 당신 제품에서 가치 있게 생각하는 것은 9개월 만에 바뀔 수도 있다. 이를테면 차에서 마지막으로 라이터를 사용한 때가 언제인가? 아직은 전원 어댑터(USB나 플러그)가 선택사항인 차가 많다. 전력 공급은 소비자의 보편적 니즈인 반면 금연자는 늘고 있다. 이 작은 변화를 고심한다고 꼭 보상이나 상이 주어지는 것은 아니지만 장래 토크 트리거 성공을 방해할 만한 것은 치워놓아야 한다.

전기 콘센트를 예로 들면 사진을 찍어 인스타그램에 올릴 만큼 멋진 자동차 실내공간을 만들고도 전기 콘센트가 없다는 소소한 문제에 발목이 잡혀 바라던 목표를 이루지 못할 수도 있다. 소비자 입장에서 이는 실제 토크 트리거만큼이나 언급할 만한 가치가 있다.

"그 차는 핸들을 다이아몬드로 장식했어. 굉장하더군. 한데 전화기를 충전할 방법이 없어. 망작이지."

작은 것을 바로잡으면 당신은 경쟁자와 동등한 위치에 서고 입소문의 적을 퇴치할 수 있다.

소셜미디어 대화는
토크 트리거의 제1목표가 아니다

우리는 이 책을 쓰느라 리서치하는 동안 오프라인에 입소문이 많이 생기고 있다는 사실에 고무되었다. 우리가 한 분석을 비롯해 많은 리서치 프로젝트가 오프라인 입소문의 가치를 뒷받침하고 있다. 그런데도 소셜미디어는 여전히 중요한 문제인가?

그렇다.

인게이지먼트 랩스의 연구에 따르면 사실 모든 입소문의 50% 정도는 온라인에서 이뤄진다.

베이컨이 없는 BLT 샌드위치나 피아니스트가 없는 재즈 트리오를 보았는가? 가능하긴 해도 최고의 BLT 샌드위치는 대부분 베이컨 덕을 톡톡히 보며 재즈 트리오에는 대개 피아니스트가 있다. 소셜미디어는 입소문의 한 요소로 그 전달 가치를 만들뿐 아니라 고객이 당신 브랜드를 어떻게 인식하는지 반영하기도 한다.

소셜미디어 데이터를 볼 때는 몇 가지 사항을 고려해야 한다. 예를 들어 당신 브랜드를 주제로 한 소셜미디어의 대화 분위기나 논조가 대다수 고객의 생각을 반영하지 않고 극단으로 치우칠 수 있다. 소셜미디어 대화 유형이 극히 일부 고객의 이해관계만 반영할 경우 당신의 초기 분석은 왜곡될 수 있다.

오디언스 오딧과 우리의 연구는 온라인과 오프라인의 입소문 격차가 얼마나 클 수 있는지 확실히 보여준다. 응답자 10명 중 9명이 사람들에게 직접 더블트리와 치즈케이크 팩토리를 언급한 반면 소셜미디어에서 그렇게 한 사람은 10명 중 3명에 미치지 못했다.

소셜미디어가 토크 트리거를 실제 입소문 대화로 전환하는 데 도움을 주긴 하지만 소셜미디어 대화는 토크 트리거의 제1목표가 아니다. 그것은 부산물에 불과하다. 인플루언서를 겨냥하는 바람에 전체 고객 커뮤니티는 접할 수 없는 '기분 좋은 놀라움' 전략과 토크 트리거가 다른 이유가 여기에 있다.

그러면 소셜미디어 데이터에서는 무엇을 찾아야 할까? 고객과 관련된 정보다. 소셜미디어 데이터는 무엇이 인기가 있는지, 고객이 생활 속에서 브랜드 정보를 공유할 의향이 얼마나 있는지, 그들에게 영향을 주는 것은 무엇인지 수량화하는 데 도움을 준다. 거의 어디에서나 찾을 수 있는 소셜미디어 모니터링 도구를 이용할 경우 쉽게 워드 크라우드*나 콘텐츠 통찰에 접근할 수 있다.

트위터는 초기부터 놀라울 정도로 간단한 프롬프트를 사용하고 있다. '무슨 일이 일어나고 있는가?(What's happening?)'

소셜미디어 데이터를 분석할 때 이 질문을 던져라. 내 고객에게 무슨 일이 일어나고 있는가? 소셜미디어는 일정 시간에 걸쳐 살펴보아야 긍정적 혹은 부정적 논의를 급증하게 만드는 외부 효과를 중화할 수 있다.

당신 회사의 브랜드 분석 보고서와 똑같이 경쟁사의 브랜드 분석 보고서도 만들어라. 당신이 정말로 동경하는 브랜드, 특히 다른 부문 브랜드 역시 분석 보고서를 만들어보는 것이 좋다.

창의력이 높은 고객은 개인화 욕구가 강하다

다시 한 번 말하지만 고객이 당신 제품을 어떻게 사용할지 항상 예측

---

* word cloud, 웹사이트나 블로그에서 가장 자주 쓰이는 단어를 굵은 글씨로 묶어 구름 형태로 나열해 둔 것.

할 수 있는 것은 아니다. 마음속으로 생각한 일련의 기능을 갖춘 무언가를 애써 만들었더니 당신보다 한발 앞서 그 제품을 경험하는 고객을 만날 수도 있다. 심지어 고객이 창의력을 발휘해 더 새로운 방법을 찾아내는 경우도 있다.

그 대표적인 사례가 인앤아웃 버거In-N-Out Burger의 비밀 메뉴다. 이 패스트푸드 체인은 메뉴가 한정적인데 주메뉴는 치즈를 넣은 햄버거와 치즈를 넣지 않은 햄버거다. 이런 메뉴를 탐탁지 않게 여기는 손님도 있겠지만 이 레스토랑은 거의 광적이라고 할 만한 팬층을 확보하고 있다.

대대적인 광고도 찾아보기 힘들고 전형적인 마케팅 지원도 거의 없는 이 회사는 메뉴를 개인화하고 싶어 하는 고객의 욕구를 받아들이고 있다. 가령 여러 장의 패티 혹은 치즈, 생양파 대신 구운 양파, 빵 대신 양상추를 덮은 햄버거를 주문할 수 있다. 이미 조합이 무궁무진하지만 그들은 그 양상이 이어지도록 다양성을 늘려가고 있다. 이것은 이 회사가 핵심 상품 소비에서 의도한 방법이 아니다. 지금도 기본 메뉴에는 햄버거(싱글, 더블), 치즈버거(싱글, 더블) 4개의 옵션만 있다.

고객의 "대단치 않다"는 대답에 숨은 의미

솔직히 대답해보라. 마지막으로 고객의 진짜 목소리를 들어본 적이

언제인가?

고객 1명의 목소리를 듣는 데 귀중한 시간을 할애하는 것이 시간 낭비처럼 여겨질 수도 있다. 그러나 그 경험에서 배운 것이 회사와 브랜드를 생각하는 방식을 바꿔놓을 수도 있다. 인정받는 스타트업 인큐베이터 Y콤비네이터를 비롯한 많은 창업 프로그램은 창립자가 매주 몇 명이라도 실제 고객과 대화하는 것을 목표로 삼고 있다.

좋은 소식은 잘 짜인 토크 트리거가 그러한 대화 규모를 키워준다는 점이다. 팀 내에 영업 담당자가 있다면(기막히게 좋은 트라이앵글을 받아들인다면 반드시 있어야 한다) 잠재고객과 늘 대화하는 그들의 경험에 귀를 기울여야 한다. 고객서비스 담당자도 마찬가지다. 이들은 고객 여정의 다른 방향에서 얻은 식견을 당신에게 나눠줄 수 있다.

전화로든 직접 만나든 몇 명의 고객이라도 접하고 그들의 경험을 공유해달라고 청하는 것은 대단히 가치 있는 일이다. 첫 토크 트리거 회의에서 만든 질문 목록부터 시작하라. 이때 찾아야 할 것은 정량적 결과가 아니다. 당신이 정말로 들어야 하는 것은 고객의 경험과 관점, 고객이 당신의 제품을 좋아하는(혹은 좋아하지 않는) 이유, 다른 브랜드를 좋아한다면 어떤 점이 마음에 드는지 그 이유다.

우리는 컨설팅 작업을 시작하면서 전화 통화로 설문조사를 할 때 다음과 같은 중요한 질문으로 마무리한다.

"어떤 점에서 이 프로젝트가 성공적이라는 느낌을 받았습니까?"

또는 고객과의 대화에서 이런 질문으로 대화를 맺는 것도 좋다.

"우리 브랜드는 오늘 당신들에게 어떤 느낌을 주었습니까?"

고객의 "대단치 않다."는 대답은 앞으로 얼마나 더 많이 노력해야 하는지 곧바로 보여준다. 자신에게 어떠한 느낌도 남기지 않은 제품과 경험을 이야기하는 사람은 없다. 바로 이것이 차별화하지 않은 제품의 장점과 토크 트리거를 구분해준다. 또한 이것은 다른 렌즈로 보아야 하는 개념이다. 고객이 브랜드에 열광하지 않을 때는 주어진 상황이 왜 그들을 움직이지 않는지 다시 생각해봐야 한다.

고객의 입장에서 제품을 직접 경험해보라

또 다른 질문도 있다. 이번에도 솔직히 대답해보라. 당신 제품이나 경쟁사 제품을 마지막으로 사용해본 적이 언제인가?

세상의 어떤 리서치, 소셜미디어 데이터, 인구통계도 실제 경험을 대체하지는 못한다. 경쟁사가 제품을 어떻게 포지셔닝하는지, 그 제품을 중심으로 어떤 콘텐츠를 만드는지 등을 검토할 때는 영업 과정이나 제품 경험의 일부에라도 직접 참여해야 그 격차를 날카롭게 인식할 수 있다.

니콜라스 웨브는《초연결시대 혁신적 고객경험 설계》에서 이것을 접촉점 혁신contact point innovation, 즉 "고객이 실제로 서비스나 제품을 경험하는 곳과 멀리 떨어진 이사회실이나 연구실이 아닌 경험을 전달하는 곳에서의 발명"이라고 설명한다.

당신 제품을 소매점에서 구입할 수 있는 경우 그 경험에 아이를 동반하면 재미있는 경험을 하기도 한다. 어린아이는 가격, 홍보, 장소에 따른 편견 없이 세상을 본다. 그들이 다른 것보다 어떤 제품에 더 관심을 보이는지 지켜보는 것만으로도 아이디어를 얻을 수 있다.

제품을 경험하는 또 다른 방법은 판매수익 부문을 체험하는 것이다. 가령 청구서를 기반으로 한 사업을 할 경우 요금을 징수하는 일을 해본다.

TV, 인터넷, 전화, 가정 보안 서비스를 제공하는 대기업 컴캐스트 Comcast의 고객서비스 부문 수석 부사장 톰 카린섀크는 정기적으로 이 일을 한다. 왜 그럴까? 그는 고객 경험의 전부, 즉 가장 좋은 것과 가장 나쁜 것을 모두 보길 원하기 때문이다. 아무리 좋은 제품도 요금을 징수할 때 끔찍한 일을 경험한다면 최소한 고객층 일부에게는 그 제품이 달갑지 않을 것이다. 이것은 부정적 방향의 토크 트리거다.

그 사실을 잘 아는 아메리콜렉트 팀은 전혀 새로운 사업을 만들었다. 그 회사에는 또 다른 환상적인 사실이 있다. 아메리콜렉트의 콜센터 직원 60% 이상이 한때 아메리콜렉트의 고객이었다! 연체자였던 사람들이 이 회사에서 좋은 경험을 하고 일자리까지 얻은 것이다.

고객을 대변할 가상 캐릭터 만들기

이러한 활동과 경험을 거치다 보면 자연스럽게 토크 트리거 첫 회의에서 나온 질문 중 몇 가지의 답을 찾기 시작한다. 고객도 더 잘 이해하고 말이다. 고객과 고객 행동에 관한 당신의 생각을 정리하는 방법은 고객 페르소나 기법과 아주 흡사하다. 일반적으로 고객 페르소나는 이상적 혹은 전형적인 고객을 나타내는 가상 캐릭터다. 페르소나가 평균적이거나 이상적인 고객을 대변하는 실제 고객 정보일 때도 있다.

페르소나가 강력한 도구인 것은 그들 사이에 관련성이 있어서다. 그것은 문서화해야만 작동하므로 당신은 자신의 식견을 문서화해야한다. 우리 홈페이지에 가보면 이 일에 적합한 안내 양식을 확인할 수 있다. 그것을 다운로드해서 이용해도 좋고 당신이 직접 고안한 양식을 사용해도 좋다. 문서화한 지식은 당신과 동료들이 고객을 전혀 새로운 시각으로 보게 해줄 뿐 아니라 조직 내의 다른 이해관계자와 공유하는 자료로도 가치가 있다. 페르소나는 당신을 성공적인 토크 트리거로 이끄는 논리 경로의 구성 요소다.

이 모든 활동과 여기에서 모은 지식은 당신이 데이터에서 벗어나 일상으로 빠져들도록 하기 위해 고안한 것이다. 안트베르펜 플랑드르 미팅 앤 컨벤션 센터의 최고운영책임자 아냐 스타스는 고객에게 가까이 다가서는 일이 얼마나 중요한지 이렇게 요약한다.

"마케팅에서 기본 중의 기본입니다. 다짜고짜 당신이 얼마나 대단한지 지껄일 수는 없죠. (…) 우선 고객 입장에서 보고 어떻게 하면 그들의 삶이 더 나아지도록 만들 수 있는지 파악하기 위해 노력해야 합니다."

이제 이 목표를 달성하는 아이디어를 어떻게 만드는지 살펴보자.

토크 트리거
후보군을 만들어라

재미있는 토크 트리거 아이디어를 곧바로 시도해볼 수도 있지만 직감만으로 행동하는 것보다 의도를 더하는 편이 더 낫다. 실제로 의도가 좋고 상당히 훌륭했지만 출발선에서 기세가 꺾인 아이디어가 아주 많다. 이는 적절한 배경을 갖추지 못했기 때문이다.

실패했다가 나중에 되돌아오는 아이디어도 있다. 힙스터들이 PBR로 줄여 부르는 맥주인 팹스트 블루 리본은 1980년대부터 수십 년 동안 고전을 면치 못했다. 이 책의 '서문'을 쓴 테드 라이트는 겉치레가 없음을 내세우는 바로 이 브랜드의 재기를 기획했다. 덕분에 PBR은 바이크 메신저*부터 심슨스 핀볼Simpsons Pinball에 이르기까지 대중적으로 힙한 아이콘이 되었다. PBR의 토크 트리거는 고객이 매일 하는 홍미로운 일을 중심으로 만들었는데 그것은 이 회사에 새로운 접근법도, 새로운 마케팅 캠페인도 아닌 늘 해오던 것이었다.

시간이 지나면서 다른 곳에서 따라 하는 바람에 실패로 돌아간 아이디어도 있다. 한때 힐튼 가든 인Hilton Garden Inn은 주문형 침대인 가든 슬립 시스템Garden Sleep System으로 시장의 선두를 차지했다. 물론 많은 호텔이 이런 편의를 제공하는 지금 이 시스템은 더 이상 차별점이 아니다.

아이디어가 성공작인지 실패작인지 항상 명확하게 드러나는 것은 아니다. 첫눈에는 바보 같은 생각처럼 보이지만 더 자세히 살펴보면 진정한 천재성을 드러내는 아이디어도 많다.

이 모호함 때문에 모두가 좋은 아이디어를 찾기 위해 고투를 벌이는 것이다. 어떻게 하면 나쁜 아이디어 중에서 좋은 아이디어를 가려낼 수 있을까? 이미 증명된 것에 의존하면 훨씬 쉽긴 하다. 특정 리드 생성 프로그램이 수익률을 높이고 특정 마케팅 활동이 제품 수요를 창출하며 특정 시즌 캠페인이 연말 매출을 끌어올린다는 것은 우리도 알고 있다. 그런데 왜 우리는 그런 일을 계속하지 않는 것일까?

아무리 강조해도 지나치지 않은 중요한 사항이 있다.

'똑같은 것은 지루하다.'

특정 시즌 캠페인이 연말 매출을 안정적으로 끌어올린다는 것은 우리도 알고 있다. 알고 있다면 왜 하지 않는가?

---

*bike messenger, 혼잡한 도시에서 자전거를 타고 서류 등을 배달하는 사람.

아무리 강조해도 지나치지 않은 중요한 사항이 있다. 똑같은 것은 지루하다!

한데 그만큼 중요한 사항이 또 있다. 그것은 효과가 증명된 일을 계속하는 것 역시 가치 있는 일이라는 점이다.

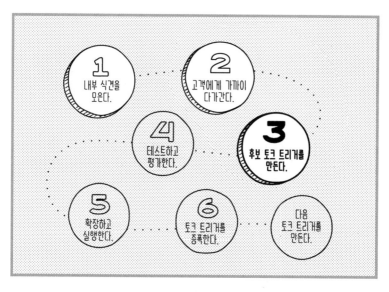

토크 트리거를 만드는 6단계 과정

토크 트리거 아이디어를 만드는 것은 어려운 일인데 여기에는 그만한 이유가 있다. 우선 토크 트리거 아이디어들이 제각각 다르다. 그것은 효과적으로 만들면 마케팅 효과를 내지만 그 자체로는 마케팅이 아니다. 토크 트리거는 광고도, 이목을 끄는 선전 활동도, 버즈 마케팅 행사도, 인플루언서를 대상으로 한 마케팅 캠페인도 아니다.

그러면 우리는 어디서부터 시작해야 할까?

토크 트리거 아이디어를 만드는
5가지 구체적인 질문

실제 토크 트리거 아이디어를 만드는 일은 당신과 기막히게 좋은 트라이앵글 팀이 이전 두 챕터에서 배운 모든 것을 다시 논의하는 것에서부터 시작한다.

토크 트리거 팀이 따로 존재하는 대기업의 경우 이 일은 기막히게 좋은 트라이앵글 팀원을 다시 회의실로 소집하는 것을 의미한다. 하지만 이번에는 다른 안건과 새로운 식견이 함께한다. 이것은 첫 회의 이후 팀원들이 처음 다시 모이는 자리다.

한 사람이 여러 역할을 하는 소규모 회사라 '당신이' 기막히게 좋은 트라이앵글 팀원인 경우 포스트잇을 이용한다. 이때 단기간을 몇 개로 나눠 과제를 분배하는 것이 좋다. 포스트잇 하나에 질문 하나와 답을 적어 나간다.

식견을 정리하는 작업은 어떤 방식이든 상관없지만 당신이 검토하는 것은 이런 질문이어야 한다.

• 고객은 우리 제품을 어떻게 경험하고 있는가?

- 고객이 현재 우리를 추천하는 이유는 무엇인가?
- 힌트가 없는 상태에서 고객은 우리 브랜드와 관련해 어떤 이야기를 하는가?
- 힌트가 없는 상태에서 고객은 우리 경쟁업체나 협력 업체와 관련해 어떤 이야기를 하는가?
- 제품 경험에서 토크 트리거를 도입하기에 적절한 시점은 언제인가?

고객 입장에서 당신 비즈니스를 검토하고 나면 이 질문에 어떻게 대답해야 할지 훨씬 나은 아이디어를 얻을 수 있고 팀의 다른 구성원 역시 견해가 다양해질 것이다.

이것은 토크 트리거 아이디어의 훌륭한 기반이다. 식견, 여담, 스쳐 지나가는 생각에서 생겨난 것이 실제 아이디어의 씨앗이 될 수 있다. 완전하지 않더라도 그 아이디어를 기록해두어야 한다. 운영상의 세부사항까지 생각할 것 없이 그저 아이디어의 씨앗 정도면 족하다.

다음 질문에 답하며 토크 트리거 아이디어를 만든다

구체적으로 어떻게 토크 트리거 아이디어를 만들어야 할까?

당신과 토크 트리거 팀이 토크 트리거의 4가지 조건을 상기하는 것으로 시작한다. 토크 트리거는 다음 기준에 반드시 부합해야 한다.

1. **주목할 만한:** 이야기할 만한 가치가 있는 것.

2. **관련성이 있는:** 브랜드의 맥락과 맞아떨어지는 것.

3. **타당한:** 이목을 끄는 선전 활동, 바이럴 마케팅 아이디어가 아닌 것.

4. **반복할 수 있는:** VIP나 인플루언서 목록에 오른 소수가 아닌 모든 고객에게 적용되는 것.

기준을 인지했다면 그다음에는 말 그대로 빈칸을 채워간다. 실제로 우리는 빈칸으로 이뤄진 작업 계획표를 만들었다(이것은 우리 홈페이지에서 다운로드할 수 있다). 계획표를 작성하면서 실제 고객의 입장에서 다음 질문에 답을 한다. 우리는 당신이 마음속으로 체계를 잡는 데 도움이 되게끔 질문을 써놓았다. 당신이 이야기를 나눈 고객 입장에 서거나 스스로 구매자일 때를 생각하라.

내가 이 제품/서비스를 사거나 사용할 때는…

내가 이 제품에서 기대하지 않는 것은…

내가 바로 지금 내 삶에서 이야기하는 것은…

내가 원하는 것은…

내가 정말로 원하는 것은…

이 단순한 질문들이 첫 회의 이후 당신이 고객과 나눈 대화, 당신이 수집한 모든 데이터, 당신이 실행한 리서치에서 가장 가치 있는 것을 이끌어낸다. 질문을 추가해도 좋다. 여기에서 당신은 깜짝 놀랄 아이디어를 얻을 것이다!

좋은 아이디어의 다른 요소도 생각해보라. 예를 들어 5가지 토크 트리거 유형을 다시 고려해보는 것도 좋다.

- 이야깃거리가 될 만한 공감: 첫 번째 유형은 회사(혹은 제품) 가치를 고객 가치에 맞춰 조정한다.
- 이야깃거리가 될 만한 유용성: 범주 내에서 가장 유용한 것은 이야깃거리가 된다.
- 이야깃거리가 될 만한 관대함: 추가로 어떤 일을 하거나 더 주는 것은 이야깃거리가 된다. 기꺼이 그렇게 하려는 사람이 거의 없기 때문이다.
- 이야깃거리가 될 만한 속도: 속도는 기억에 남으며 훌륭한 스토리도 만든다. 지금처럼 사람들이 바쁠 때는 더욱더 그렇다.
- 이야깃거리가 될 만한 태도: 분위기와 논조를 꾸준히 색다르게 유지할 수 있는가?

회의를 여기까지 진행했다면 적어도 몇 가지 아이디어는 얻을 것이다. 첫눈에 어리석고 우스꽝스럽게 보일지라도 토크 트리거의 4가지 조건(주목할 만한, 관련성이 있는, 타당한, 반복할 수 있는)을 충족하는 한 그 아이디어를 지우지 마라. 적어도 아직은 말이다.

아이디어의 복잡성과 영향력을 나타내는 복잡성 지도

토크 트리거 후보를 만드는 마지막 단계에서는 우선순위를 매기는 것이 가장 중요하다.

조직이 토크 트리거 개념 자체를 처음 접한 경우라면 점진적인 투자와 기회비용의 가치를 유념해야 한다. 제품이 더 이목을 끌게 만들기 위해 완전히 새롭게 디자인하는 것도 가능하지만 그렇게까지 할 필요는 없다. 그런 식의 대규모 작업을 완수하려면 내부에서 견인력을 얻느라 고생해야 한다.

이 개념이 조직 내에 자리를 잡고 발전하게 해 아이디어의 초기 시험을 진행하는 데 도움을 얻고 싶다면 토크 트리거 아이디어를 좌표로 나타내는 것이 좋다. 많은 조직이 시간이 지나면 업데이트한 고객 니즈, 새로운 시장 현실, 경쟁 상황을 반영하기 위해 진화한 토크 트리거를 얻는다. 더블트리도 처음부터 체크인할 때 따뜻한 쿠키를 제공한 것은 아니었다. 턴다운 서비스 때 제공하다가 인기가 높아지고 이 브랜드에서 중요성이 커지면서 진화한 것이다.

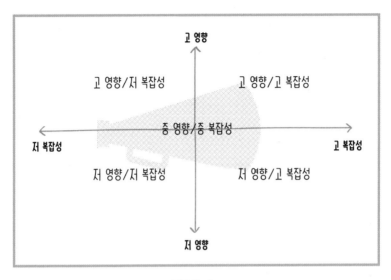

복잡성 지도

위 표는 아이디어를 좌표상에 표시해보고 그 아이디어가 어디쯤 위치해 있는지 쉽게 알아보도록 해주는 복잡성 지도(우리 홈페이지에 이 자료를 비롯해 다른 시각적 보조 자료가 있으니 필요하면 다운로드하라)다. 이 지도에는 '복잡성'과 '영향'이라는 2가지 주요 변수가 있다.

복잡성이란 당신이 생각하는 바로 그것이다.

'이 일을 실현하는 것은 얼마나 어려운가?'

이 질문에 답할 때는 현실적인 태도를 유지하는 것이 중요하다. 반복하는 것이 어려운 토크 트리거는 고객 시험을 통과하지 못해 견인력을 얻지 못한다.

지도에 있는 다른 변수, 즉 영향은 초기에 파악하기가 더 어려운 요

소다. 좋은 토크 트리거 아이디어가 생겼을 경우 고객에게 마음에 드
는지 물어보는 것만으로는 잠재 영향과 관련해 실행 가능한 식견을
얻을 수 없다. 고객 입장에서 이전에 보지 못한 것을 시각화하는 것은
쉬운 일이 아니기 때문이다. 또한 고객은 당신이 제안한 아이디어를
생각해본 적이 없어서 그 이야기를 공유할 것인지 답해줄 수 없다.

물론 확실히 성공할 만한 아이디어도 있다. 파이브 가이스의 엄청
난 프라이 양이 좋은 사례다. 하지만 그레듀에이트 호텔의 카드키처
럼 다른 아이디어는 고객이 쉽게 상상할 수 없으므로 점진적으로 행
동하는 것이 좋다. 복잡성 지도는 이를 달성하는 단계를 면밀히 계획
하는 데 도움을 준다.

당신이 만든 아이디어 목록을 보며 각 아이디어를 실행할 때의 현
실을 간략히 논의하라. 그 아이디어를 계속 반복할 수 있는가? 분명
다른 것보다 실행하기 쉬운 아이디어들도 있다. 사실 그런 아이디어
가 이상적이다.

당신의 아이디어는 얼마나 쉽게 실행할 수 있는가? 또는 얼마나
실행하기 복잡한가? 그에 반해 영향력은 얼마나 크고 작은가? 당신
이 구상한 아이디어를 복합성 지도의 사분면에 표기하고 어디에 해
당하는지 살펴보라. 가장 비효율적인 아이디어는 실행하기는 매우
복잡한데 영향력은 적은 '저 영향/고 복잡성'에 해당하는 것이다. 이
를 제외하고 이해를 돕기 위해 사례를 들어 사분면을 설명해놓았으
니 구상한 아이디어가 어디쯤 위치해 있는지, 어떤 장점이 있는지 면

밀히 검토해보자.

저 영향, 저 복잡성

이런 아이디어는 실행하기가 쉽지만 대단한 결과를 이끌어내지는 못한다. 예를 들어 포장재 대신 솔트워터 태피*를 사용한다면 분명 눈에 띄고 어느 정도 입소문을 만들어낼 것이다. 그러나 고객 입장에서는 이야깃거리가 될 만한 것으로 느껴지지 않을 수 있다(당신이 토크 트리거의 4가지 조건을 충족한다고 생각할지라도).

그래도 특정 토크 트리거가 당신의 비즈니스에 줄 영향을 너무 빨리 예단하지 마라. 쉽다는 것이 곧 영향력이 낮다는 것을 의미하지는 않기 때문이다.

고 영향, 저 복잡성

파이브 가이스 엔터프라이즈는 토크 트리거로 이 범주를 공략하면서 어떤 아이디어의 영향력을 예단하지 않는 것이 왜 중요한지 정확히 보여준다. 이 브랜드는 아주 많은 프라이를 제공한다. 봉투에 프라이를 더 집어넣기 시작했을 때 파이브 가이스는 그것이 비즈니스에 실제로 어떤 영향을 미칠지 전혀 알지 못했다. 이제 대단히 많은 고객이 그것을 마음에 들어 한다는 사실은 그리 놀랄 만한 일이 아니다.

---

* saltwater taffy, 짭짜름한 캔디.

이것은 꾸준한 토크 트리거로 자리 잡았으며 파이브 가이스라는 브랜드를 경쟁업체와 차별화하는 데 도움을 주고 있다. 이 토크 트리거는 과거부터 지금까지 꾸준히 유지되어 왔고 이 회사는 그 '다름'에서 계속 보상을 받고 있다.

고 영향, 고 복잡성

아이디어의 어떤 부분이 시도하기에 너무 어렵다면 직관을 따르는 것이 좋다. 토크 트리거는 가능한 한 단순하고 쉬운 것이 바람직하다. 만약 당신이 생각해낸 아이디어가 너무 복잡해서 과연 고객이 이해할까 싶어 걱정스럽다면 다시 생각해봐야 한다.

물론 이 범주에 속하는 아이디어라고 해서 쓰레기통으로 직행해야 하는 것은 아니다. 약간 수정을 거치면 훌륭한 아이디어가 될 수도 있다. 만약 파이브 가이스의 초기 아이디어가 고객이 주문하지 않아도 봉투마다 치킨 너겟을 잔뜩 넣어주는 것이었다고 상상해보라.

먼저 파이브 가이스는 치킨 너겟을 팔지 않기 때문에 이를 실행하기가 너무 복잡하다. 하지만 고객들이 뒤로 넘어갈 정도로 놀라서 엄청난 입소문이 날 것이다. 다른 누가 그런 일을 하겠는가? 실행하기가 매우 복잡하고 고객 사이에 생길 혼란을 걱정하는 직원들은 당연히 그 아이디어를 좋아하지 않는다.

약간 수정을 거치면 치킨 너겟 아이디어는 프라이를 한 번 더 떠 넣는 것으로 변한다. 엄청나게 복잡하던 아이디어가 아주 간단하면서도 뛰어난 아이디어로 변신하는 셈이다.

반대로 이 범주에는 너무 영리해서 두렵기까지 한 아이디어도 있다. 세스 고딘의 《보랏빛 소가 온다》를 읽었다면 더치 보이Dutch Boy 페인트 이야기를 알 것이다. 이 이야기를 접해보지 못한 독자를 위해 골자만 소개하면 다음과 같다. 더치 보이는 페인트의 가장 큰 문제점이 페인트 통이라는 것을 발견했다. 이 브랜드는 통을 재디자인해 페인트를 부을 수 있는 주둥이를 추가했다. 그렇게 더치 보이는 부을 수 있는 페인트 통을 만들어 범주 전체를 바꿔버렸다.

페인트 통을 바꾸는 것은 대단히 복잡한 일이라고 항변하는 사람이 있을지도 모르겠다. 물론 복잡한 일이지만 어쨌든 더치 보이는 어딘가에 페인트를 담아야 한다. 고딘은 더치 보이의 탁월한 전략을 이렇게 요약했다.

"너무 간단해서 무서울 정도다. 그들은 아예 통을 바꿔버렸다."

중 영향, 중 복잡성

아이디어가 복잡해도 잘 실행하는 기업들도 있다. 사실 공정하게 말하자면 복잡성은 주관적 기준이다. 한 회사가 복잡하다고 생각하는 것이 다른 회사에서는 손쉬운 일일 수도 있다. 파이브 가이스는 토크 트리거를 단순하게 유지하는 데 반해 에어뉴질랜드의 토크 트리거는 대단히 복잡하다. 클루베 데 조르날리스타스 이야기를 기억하는가. 이곳 직원들은 손님이 떠날 때 정어리 캔을 선물로 준다. 이 접근법은 중 영향, 중 복잡성 토크 트리거로 볼 수 있다. 실행하기가 복잡하지는 않지만 파이브 가이스의 추가 프라이에 비해 직원들이 해야 할 일이 좀 더 많다.

토크 트리거 아이디어를 가로막는 흔한 장애물

내부의 타성 극복

"우리는 절대 그렇게 할 수 없어."

"불가능할 거야."

"법무팀에서 뭐라고 하겠어?"

법무팀, 구매팀, 배송팀, 영업팀은 물론 하다못해 인턴 사원까지 토크 트리거를 두고 말이 많을 수 있다. 당신은 그들의 이야기에 귀를 기울이는가? 그들에게 의견을 낼 정당한 이유가 있을 때만 그들의 이야기를 듣는가?

우리는 수년에 걸쳐 많은 직원과 고객의 공통점을 발견했다. 그것은 바로 그들이 '다름'을 상상하지 못한다는 점이다. 다른 것은 힘들다. 다른 것은 인간의 상상력이 부족하다는 것을 깨닫게 만드는 유감스런 존재다.

또 다른 가장 흔한 장애물은 두려움이다. 당신의 길을 막는 게이트

키퍼는 아이디어가 효과가 없고 오히려 역효과가 날까 두려워하거나 아니면 아이디어가 효과를 내면서 그 성공이 창의성에 관한 그들의 평판을 떨어뜨릴까 걱정한다.

한편 두려움이 아닌 다른 장애물도 있다.

"예산이 없습니다."

예산이 없다는 건 쉬운 문제다. 토크 트리거 아이디어 목록에서 돈이 들지 않는 것을 가려내라. 실제로 비용이 전혀 혹은 거의 들지 않는 토크 트리거가 많다. 엄프콰 은행이 은행장의 사무실로 곧장 연결되는 전화기를 설치하는 데 비용이 얼마나 들었을까? 전화기와 표지판이 필요하겠지만 기존 전화선을 이용하는 것이니 비용이 아주 조금 들었을 것이다. 그레듀에이트 호텔이 이야깃거리가 될 만한 카드키를 만드는 데 비용이 얼마나 들었을까? 정말 미미하다. 어차피 카드키는 있어야 하고 그들은 그저 좀 다른 것을 만들었을 뿐이다.

당신 조직에서 비용이 가장 큰 걸림돌이라면 토크 트리거 후보 목록에서 이 모델에 적합한 아이디어를 찾아라. 이미 하고 있는 일, 이미 비용을 지불하고 있는 일에서 조금 다른 방식을 시도해보라. 이러한 전략은 지출이 폭주할지 모른다는 걱정을 막아준다.

무언가를 하는 데 드는 비용이 당신에게 유리하게 작용할 것인지도 문제가 될 수 있다. 스킵스 키친 이야기를 떠올려보라. 주인인 스킵 왈은 조커를 뽑는 사람이 나올 때마다 식사를 무료로 제공하면서 상당한 비용을 감당한다. 그러나 그 토크 트리거는 광고에 한 푼도 쓰지 않아도 될 정도로 엄청난 입소문을 내주었다.

돈을 아끼는 것은 불평하고 비난할 일이 아니다. "하지만 우리에게는 돈이 없어."라는 말로 대화를 시작하는 사람이라면 더 말할 것도 없다. 당신 말이 맞다. 우리에게는 돈이 없다.

"평가할 수 없습니다."

명백한 사실이다. 입소문은 측정하기가 쉽지 않다. 많은 입소문이 오프라인이나 어떤 평가도구로도 측정하기 곤란한 곳에서 이뤄지기 때문에 알 수 없는 것처럼 여겨진다. 가령 지난주 한 파티에서 98명이 당신이 운영하는 빵집을 얘기했다면 매출이 늘어날 것이다. 그러나 당신은 그 사실을 눈치채지 못할 수 있고 사람들에게 빵집 이야기를 어디에서 들었는지 물어볼 생각까지 하지 못할 수도 있다.

다른 많은 일이 그렇듯 토크 트리거도 효과적으로 평가하려면 체계적인 계획이 필요하다. 우리가 종종 잊는 1가지 흔한 방법은 간단히 질문하는 것이다.

"우리 이야기를 어떻게 들었어요?"

토크 트리거를 테스트했고 반응을 평가하는 중이며 사람들이 친구나 가족에게 "당신 회사 이야기를 들었다."라고 언급하는 범주 내에서 매출이 증가하고 있다면 당신의 아이디어와 결과에 상관관계가 있다고 봐도 좋다.

연관성과 인과관계 문제로 동료 중 최소한 1명은 두통을 일으킬 수도 있다. 어쩌면 당신은 그 사람이 토크 트리거 안에 포함한 어떤 것의 가치를 평가할 방법을 찾느라 애쓸지도 모른다. 일단은 이런 문제로 비판을 받는 동료(혹은 당신)에게 토크 트리거는 평가가 가능하지만 기존 방식으로는 불가능할 수 있음을 상기하라고 말하라. 이 책은 당신이 안주머니에 잘 간직할 만한 구체적인 사례를 선사해줄 것이다. 그것이 치즈케이크 팩토리, 윈저원 목재, 프레시북스, 더블트리 바이 힐튼을 비롯한 여러 곳에서 효과를 냈다면 당신도 효과를 낼 방법을 찾을 확률이 높다.

"너무 복잡합니다."

타당한 걱정이다. 이 반응은 복잡성 지도를 재검토해야 한다는 것을 암시하는지도 모른다. 운영상의 복잡성이 다른 것보다 심한 아이디어도 있으므로 당신은 실사 과정에서 이런 조언에 귀를 기울여야 한다.

이 지적 뒤에는 변화에 따른 불만이 자리 잡고 있는 경우가 많다. 실제로는 복잡한 것이 아니라 그저 다른 것일 수도 있다.

"사람들이 싫어하면 어쩌죠?"

이 질문에 답하기는 무척 쉽다. 사람들이 싫어하는 것이라면 아무도 그것을 이야기하지 않을 테고 어디에서도 진전이 없을 것이다. 그러면 다른 아이디어를 찾아야 한다. 만약 고객이 그것을 좋아한다면?

이 질문은 호기심보다 기업문화와 관련된 것이다.

  마케팅 지출에 지나치게 의존한 나머지 '다른' 현실을 포용하기 힘
들어진 기업들도 있다.

  치즈케이크 팩토리와 다덴 레스토랑 사이의 확연한 차이를 기억하
는가? 요식 업계에서 가장 강력한 입소문이 난 브랜드인 치즈케이크
팩토리는 총매출의 0.2%만 광고에 사용한다. 반면 다덴 레스토랑은
매년 약 2억 7,000만 달러를 광고에 사용한다.

  두 회사는 문화가 상당히 다르다. 당신 회사도 아직은 토크 트리거
를 선뜻 받아들이지 못하고 있을지도 모른다. 작은 것부터 시작해서
신뢰를 구축하라. 당신은 분명 할 수 있다.

  당신에게는 토크 트리거 후보가 있고 이제 그것이 고객 사이에서
대화를 촉발하는 데 얼마나 영향력이 있으면서도 효과적인지 판단할
시간이다. 이 차별화 요소를 어떻게 테스트하고 평가해야 하는지 지
금부터 살펴보자.

입소문 효과는
어떻게 평가하는가

성장하는 데 시간이 걸리는 것은 의구심을 낳게 마련이다. 특히 마케팅의 경우 빠른 결과에 익숙해진 나머지 의도적으로 속도를 늦추는 것을 부자연스럽게 받아들인다.

이것은 당신이 여름 동안 키운 재료로 추수감사절 저녁식사를 차리는 것과 비슷한 일이다. 당신은 몇 달에 걸쳐 주의 깊게 잡초를 뽑고 당신보다 먼저 추수감사절 축제를 즐기려는 해충들을 없앴다. 나무에서 과일을 따고 줄기에서 채소를 거둬들이기에 적당한 시간이 올 때까지 말이다. 이것은 느리지만 오랫동안 지속되는 인상을 남긴다.

현실에서 토크 트리거는 의구심을 불러일으킨다. 입소문이 아주 명백하고 누구나 쉽게 관찰할 수 있는 것이라면 이 책을 쓸 필요도

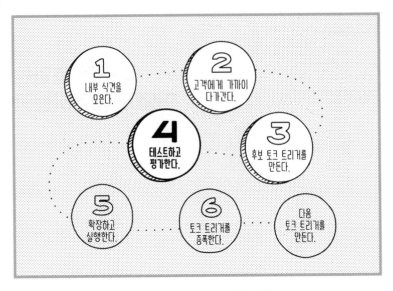

토크 트리거를 만드는 6단계 과정

없었을 것이다.

　어쨌거나 토크 트리거를 '확실히' 평가하는 것은 정말로 어렵지 않다. 토크 트리거 평가를 어렵게 생각하는 것은 당신, 더 중요하게는 조직 내의 회의주의자가 기존에 익숙한 방식으로 평가하려 하기 때문이다. 입소문이 꽃을 피우기까지는 시간이 필요하다. 입소문은 한 고객이 다른 1명의(혹은 여러 명의) 잠재고객에게 당신 이야기를 하는 데 의존하는 방식이라서 그렇다.

　그래도 입소문은 개인 측면에서 볼 때 다른 어떤 도구보다 설득력이 강하고 효과적이다. 신뢰할 수 있는 진짜 사람이 실제 다른 사람에게 추천하니 말이다.

입소문은 실제 경험이라는 성격이 효과를 내게 하지만 아이러니 하게도 이야기를 듣는 사람이 즉각 실행하는 것이 아니라서 혼란을 겪는다.

토크 트리거가 작용하려면 시간이 필요하다. 조직 내에서 참을성 없는 회의론자와 부딪히면 그들의 그런 태도가 어디에서 비롯되었 는지 파악할 필요가 있다. 그들이 썩은 사과일 가능성도 있지만 보통 그들은 투자 규모를 걱정한다. 그러므로 대화 방향을 바꿔 시간이 아 닌 방법을 이야기하라. 다행스러운 것은 성공이 광고나 미디어에 쏟 은 돈이 아니라 입소문에 내재하는 꾸준한 성장에 좌우된다는 점이 다. 꾸준한 성장은 측정할 수 있으며 조직의 추가 투자도 필요치 않 다. 이 꾸준한 성장은 유기적으로 발생하지만 이를 완수하려면 천천 히 시작해서 효과가 최고조에 이르게 해야 한다.

당신이 궁극의 토크 트리거를 만들었다고 생각해도 고객은 그렇게 생각하지 않을 수 있다는 점을 인식하는 것도 굉장히 중요하다. 어쨌 든 당신은 그들이 아니며 당신은 그들보다 제품과 서비스를 훨씬 많 이 알고 있다. 설령 회사 내에서 반향을 불러일으키는 것이라도 성 공하지 못할 수 있다. 이러한 인지 편향 가능성 때문에 성공 가능성 이 있는 토크 트리거를 기획 과정에서 결정할 수 없는 것이다. 성공 할 수 있다고 주장하려면 실행한 후 기다려야 한다. 효과가 나타나지 않으면 어떻게 해야 할까? 대화를 촉발할 만큼 주목을 끌지 못하면 어떻게 해야 할까? 고객에게 기대하는 효과를 확실히 거두고 싶다면 먼저 토크 트리거 후보를 테스트하고 평가해야 한다.

1만 년 전 이렇게 말한 사람들이 있었을 것이다.

"우리는 이 아보카도를 먹어야 해."

또 어떤 사람은 이런 제안을 했을지도 모른다.

"이 위험하고 불쾌한 가시를 모두 빼내는 방법을 찾으면 어떨까? 이 성게는 분명 엄청나게 맛있을 거야!"

당신은 이 사람들과 같은 입장에 있다. 당신은 천재적인 입소문 아이디어를 떠올릴 때까지 길을 더듬어가는 개척자다.

테스트와 평가 단계에서는 확신이 부족하다고 도망치는 대신 잠재 토크 트리거들의 실험적 성향을 포용하는 것이 중요하다.

최소 10%가 이야기하고 있는가

이 챕터에서 우리는 2가지 다른 사고방식을 탐구한다.

우선 시험적 사고방식이다. 당신의 아이디어가 입소문으로 이어질 만큼 좋다는 것을 어떻게 알 수 있을까? 효과가 있음을 알아내는 방법 중 하나는 진부한 1980년대 로맨틱 코미디에 나오는 질문의 답과 유사하다. 사랑에 빠졌다는 것을 어떻게 알지?

"느낌이 올 거야."

그저 효과가 있을 뿐이지만 그것은 당신을 압도하는 따뜻하고 포근한 느낌이다.

이 논리에 만족할 수 없는가? 이런 일을 직감만으로 처리하기 어렵다는 것을 인정한다. 거하게 점심식사를 하거나 모닝커피를 한 잔 마신다면 더 따뜻하게 느껴지겠지만 말이다.

테스트 대 평가

그다음은 숫자를 바탕으로 한 사고방식이다. 이것은 낭만적 색채가 덜하다. 데이터에서 따뜻하고 포근한 느낌을 받는 사람이라면 이야기가 달라지겠지만 말이다.

더블트리 바이 힐튼 호텔 앤 리조트와 치즈케이크 팩토리 리서치에서 배운 것은 우리가 토크 트리거 성과의 기준점을 세우는 데 도움을 주었다. 우리가 권하는 모든 측면의 대화를 정리할 때 토크 트리거 관련 대화와 자사나 브랜드 관련 대화의 비율을 비교해보라.

아주 간단하다. 최적의 성과에 이르려면 토크 트리거가 적어도 대화의 25%를 차지해야 한다. 더블트리와 치즈케이크 팩토리의 경우 브랜드 관련 대화의 약 35%가 토크 트리거였다. 그러나 우리가 조사한 바에 따르면 모든 브랜드가 그 정도 수준에 이르러야 토크 트리거 효과를 내는 것은 아니다. 고객 대화의 25% 정도면 토크 트리거가 효율적으로 작동한다.

토크 트리거 아이디어를 초기에 테스트할 때 기대 수준에 도달할 만한 시간이 제한적이라 25%에 미치지 못할 수도 있다. 이 경우 비율이 좀 낮더라도 성공과 성장 가능성이 있다고 봐야 한다. 단기간에는 고객 대화의 10% 정도면 시작하기에 적절하다. 시험 대상이 당신의 토크 트리거 대화를 자발적으로 시작하게 만들 수 없으면 대화를 조장할 만한 적절한 기제가 아니다. 이때는 토크 트리거 후보가 충분히 새롭지 않거나 고객이 토크 트리거를 특이한 것으로 인식하지 않는 것이다. 이 경우 수정해서 다시 시도해야 한다.

평가할 때마다 아래 내용을 참고하라.

- 단기간에 평가해야 한다면 대화의 최소 10%가 토크 트리거 이야기인지 확인하라.
- 장기간에 걸쳐 평가한다면 고객 대화의 25%가 토크 트리거 이야기여야 한다.

토크 트리거를 테스트하는 여러 가지 방법

개발 중인 토크 트리거 평가의 기술과 과학을 논의하기 전에 우리가 이 과정의 시험 단계에 있음을 기억해야 한다. 아직 마이크로소프트 엑셀 평가의 대시보드 수준에는 이르지 못했다.

당신은 아마 잠재력이 충분한 아이디어를 우선순위에 따라 정리했을 것이다. 좋은 아이디어가 있는가? 얼마나 좋은가? 토크 트리거를 고객에게 넘겨 그들의 반응을 확인하지 않고는 그것이 잘 작동할지 그렇지 않을지 알기 어렵다.

사업 규모가 작아서 무엇이든 실행해볼 수 있는 상황이 아니면 직접 테스트를 해봐야 그것이 어떤 결과를 내는지 확인할 수 있다. 당신은 토크 트리거를 어떻게 테스트하는가?

테스트 계획안은 사업의 종류와 그 사업 구조의 영향을 받는다. 지금부터 다양한 사업에서 토크 트리거를 테스트하는 여러 가지 방법을 사례를 들어 보여줄 것이다. 아이디어를 테스트하고자 계획을 세울 때 참고하기 바란다.

온라인 소프트웨어 회사

프레시북스는 첫 토크 트리거로 고객과의 저녁식사를 선택했다. 출장 중인 프레시북스 직원이 저녁식사 자리의 주최자라서 모임은 지리적 위치에 따라 달라진다. 이 같은 아이디어는 테스트와 평가에 아주 적합하다. 이메일, 통화, 소셜미디어를 이용해 대화 도중 동료와 공유한 고객 피드백은 물론 지역에 따라 구분한 고객 설문조사 데이터까지 살필 수 있기 때문이다.

오로지 온라인에서만 사업을 한다면 이 논리를 어떻게 모방해 토크 트리거를 테스트하는 데 적용할지 생각해보라. 고객을 토크 트리거의 초기 이용 가능성을 평가하기에 쉬운 특정 고객층으로 제한할 수 있는가?

지역 소매상

지역 기업은 온라인 사업만 하는 기업과 달리 실제 고객을 구분하는 데 어려움이 있다. 당신의 고객이 모두 같은 도시에 산다면 어떻게 토크 트리거를 특정 고객층에게만 제공하고 일부는 제한할 수 있겠는가?

고객을 배제하는 것은 좋은 생각이 아니다. 그 시간에 다른 테스트를 고려하거나 테스트 방법을 명확히 선택하는 것이 낫다. 가령 토크 트리거를 테스트하기에 앞서 고객 피드백 설문조사 용지를 배포한 뒤 정해둔 시간 동안(일주일? 한 달?)만 시도해보라. 그 뒤 또 다른 고객 피드백 설문조사를 실시한다. 당신이 얻은 결과에 소셜미디어에서 얻은 정보를 합해 살펴보면 토크 트리거가 어떤 성과를 내고 있는지 잘 파악할 수 있을 것이다.

전문 서비스 업체

자물쇠 수리공과 구강외과 의사의 공통점은 무엇일까? 바로 고객이 급박한 상황일 때 그들을 찾는다는 점이다. 이 경우 고객은 인지, 관심, 고려, 구매 범주로 나누는 전형적인 마케팅 깔때기를 단 몇 분 만에 통과하므로 일반적인 고객 분류가 들어맞지 않는다. 이 상황에서는 토크 트리거 평가를 어떻게 시작할 수 있을까?

우리는 ABL* 태도라고 부르는 것을 옹호한다. 소셜미디어, 온라인, 리뷰, 이메일 지원 소프트웨어 같은 기본 도구도 주제를 일자별로 정리해주므로 테스트하려고 하는 토크 트리거 활동을 비교할 수 있는 일련의 데이터를 얻는 것이 가능하다.

예를 들어 당신이 예약 시간 말미에 15분 동안 의자에 앉은 환자를 마사지해주고 싶어 하는 치과 의사라고 해보자. 이때 토크 트리거가 실제로 고객 대화를 이끌어내는지 확인하기 전과 후에 논의 주제를 반드시 확인해보라.

세금 신고 사업은 어떨까? 많은 세무 관련 회사가 으레 그렇듯 일이 많을 때와 적을 때가 있는 사업을 하면 시간을 기준으로 분류하기가 곤란하다. 바쁠 때는 바쁘고 그렇지 않을 때는 일감이 줄어든다.

이 경우 비교할 만한 데이터가 없기도 하므로 토크 트리거를 제공하는 시기 동안 이뤄지는 대화를 검토해 대화 주제와 분위기를 분석

---

* always be listening, 항상 귀를 기울인다.

해야 한다. 사람들이 당신의 토크 트리거를 알아챘는가? 그들이 당신의 토크 트리거를 언급했는가? 테스트할 때는 최소한 대화의 10%가 토크 트리거를 언급하는지 확인해야 한다.

관찰자 효과

토크 트리거를 테스트하는 다양한 방법을 살필 때는 그것을 연구하고 평가할 때 사용할 방법도 충분히 고려해야 한다. 모든 평가 방법이 믿을 수 있고 실행 가능한 식견을 주는 것은 아니다. 사용한 방법 자체가 그것을 고안한 방식 때문에 토크 트리거가 성공했다는 착각을 불러일으킬 수도 있다.

　예를 들어 고객이 토크 트리거를 실제로 경험하기도 전에 그들에게 직접 그 토크 트리거 아이디어를 공유할 생각이 있느냐고 물으면 의미 있는 식견을 얻지 못한다. 오히려 고객 사이에 의심과 경계심을 낳아 그들이 혹시 당신이 미친 게 아닌가 생각하게 만들지도 모른다.

　이런 식으로는 어떤 것이든 제대로 평가할 수 없다. 평가 방법이 인식 방식을 바꿔놓을 수 있기 때문이다. 고객에게 토크 트리거를 제공하는 것과 성공 여부를 평가하는 것은 반드시 별개로 이뤄져야 한다. 즉, 평가는 고객이 알지 못하는 상태로 시행해야 한다. 그렇지 않으면 토크 트리거를 공유하려는 경향을 제대로 반영하지 못하는 데이터를 얻고 만다.

물리학에서는 이를 '관찰자 효과'라고 부르는데 그 효과는 이렇게 작용한다. 만약 압력계로 타이어의 공기압을 측정할 경우 압력계 자체가 타이어의 공기압에 영향을 준다. 이때 방출되는 공기의 양은 적지만 그것은 측정 대상의 상태를 교란한다.

마찬가지로 토크 트리거를 측정하는 것은 까다로운 일이다. 고객이 당신의 시도를 가식이라 여기고 당신이 그들의 사용 방법을 추적하려 한다고 생각하면 그들은 그 경험에 시큰둥한 반응을 보일 것이다. 입장을 바꿔 생각해보자. 이 책에 있는 토크 트리거 중 어떤 것이든 제공받고 토크 트리거를 알아챘는지, 그걸 언급할 것인지 묻는다면 당신은 어떻게 반응하겠는가?

당신의 목적은 토크 트리거를 이야기하는 상황을 관찰하는 것이지 그 상황에 영향을 주는 데 있지 않다.

온·오프라인 대화를 모두 검토하라

어떤 아이디어를 테스트해서 단기간에 사람들이 나눈 대화의 10%(혹은 장기간에 25% 충족)가 토크 트리거에 관한 것임을 확인했다면, 이제 좀 더 철저하게 토크 트리거를 평가할 계획을 세워야 한다.

여러 지표와 핵심성과지표^{Key Performance Indicator, KPI}를 다루는 일반 책은

토크 트리거의 전체 영향을 보여주기보다 거의 관계가 없는 성공 증
거만 제공한다. 그 가장 큰 이유는 입소문의 본질을 평가하기 어렵다
는 데 있다. 입소문은 대부분 오프라인에서 발생하므로 이곳을 잘 파
악해야 한다. 이곳에서 장기간에 걸쳐 가장 믿을 만한 종류의 고객
추천이 번성하기 때문이다.

  입소문은 온라인과 오프라인으로 나뉘어 있으므로 평가 도구도 그
차이를 반영해야 한다. 토크 트리거의 가치를 확실히 파악하려면 온
라인과 오프라인 대화 모두를 검토할 필요가 있다.

  평가는 설문조사나 고객 의견서 형식으로 고객에게 직접 조사하는
1차 연구와 소셜미디어 주제 분석 등의 조합으로 나눠서 이뤄져야
한다. 콜센터 내역, 이메일 지원 소프트웨어 주제 분석, 영업팀 인터

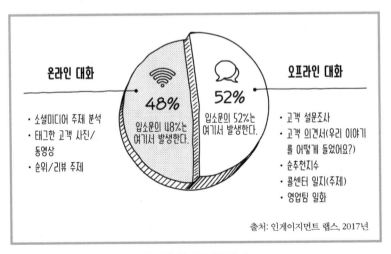

온라인 대 오프라인 평가

뷰 같은 오프라인 데이터를 살펴보면 당신의 토크 트리거가 처한 현실을 종합해서 확인할 수 있다. 이로써 누군가가 토크 트리거 이야기를 공유할 가능성과 관련해 종합적인 시각을 얻을 수 있다.

4가지 조건을 충족하지 못하는 아이디어는 버려라

설사 놀라운 토크 트리거 아이디어일지라도 대단히 취약할 수 있다. 고객이 그 이야기를 시작할 때까지는 지속적인 혜택을 보기 어려우며 그 수준에 이르는 데는 꽤 시간이 걸린다. 어떤 아이디어가 너무 빨리 수그러들지 않고 퍼져가는 데 어느 정도 시간이 필요할까?

그 한계점을 미리 결정해두어야 한다. 당신은 토크 트리거가 항상 빠른 성과를 내는 게 아니라는 사실을 이미 알고 있다. 아이디어를 적용해 그것이 효과를 낼 때까지 기다리는 데는 위험이 따른다. 어쨌든 희망과 현실 사이에는 차이가 있다. 고객층 중 일부를 대상으로 아이디어를 테스트하는 것이 도움이 되는 이유는 커뮤니티 식견 때문이다. 마치 바이러스처럼 소규모 커뮤니티에서는 대규모 커뮤니티보다 유행이 빠르다. 껍질을 깨고 나와 성장할 가능성이 있는 틈새 아이디어는 든든한 발판을 마련하는 데 도움을 줄 것이다.

결론을 이끌어내려면 얼마나 기다려야 할까?

모든 아이디어가 결과를 빨리 보여주는 것은 아니다. 앞서 복잡성 지도에 표시한 아이디어를 보면 그중에는 도움닫기 시간이 긴 것도 있다. 파이브 가이스처럼 테이크아웃 봉투에 프라이를 더 넣으면 결과를 빨리 볼지도 모른다. 글렌 고라브 박사처럼 예약 시간 전에 시간을 내 환자에게 전화할 경우 측정할 만한 실제 피드백을 얻기까지 수 주일 이상이 걸린다.

실행하기 쉬운 간단한 아이디어도 최소 2주일의 시간이 필요하다. 복잡성 지도에서 복잡성이 높은 아이디어인 경우 적어도 30일에서 45일을 기다린 뒤 주요 지표를 검토해야 한다. 당연히 일부 고객층과 일부 유형의 커뮤니티는 견인력을 더 빨리 보여준다.

좋은 아이디어임을 확신하고 많은 고객이 반응을 보이는 경우라도 대화의 25%를 차지하지 못할 수 있다. 이럴 때 아이디어를 약간 수정하면 잠재력을 발휘하기도 한다.

챕터 13에서 서술한 리서치 단계로 돌아가 팀 전체가 어떻게 수정하면 4가지 조건, 즉 '주목할 만한, 관련성이 있는, 타당한, 반복할 수 있는'을 강화하는 데 도움을 줄지 논의한다. 이렇게 했는데도 조건에 미치지 못한다면 정말 마음에 드는 아이디어일지라도 버리고 다른 아이디어를 채택해 테스트하는 것이 현명하다.

진전 상황을 예의 주시하라! 테스트 단계에서 단기간에 최고 10%인 성과 비율 목표를 달성하고 KPI를 성취했다면 영구적인 토크 트리거 후보를 보유한 셈이다. 이것은 다음 챕터에서 검토해보자.

입소문을 회사 전체에
먼저 퍼뜨려라

토크 트리거가 조직에서 주역을 맡는 경우도 있다. 그 대표적인 사례가 책 한 권 분량에 가까운 치즈케이크 팩토리의 메뉴다. 이곳 메뉴는 고객의 테이블에 올라가는 엄청나게 많은 종류의 실제 치즈케이크와 함께 집중적으로 관심을 받는 대상이다.

모든 조직이 끝없이 이어지는 수많은 메뉴와 수십 가지 디저트에 호감을 보이는 것은 아니다. 제품과 뒤섞인 더 작고 미묘한 토크 트리거가 실제 제품이라는 오해를 받기도 한다. 아메리콜렉트의 토크 트리거인 '터무니없이 친절한 추심'이 이러한 유형이다. 이목을 끄는 카드키를 제공하는 그레듀에이트 호텔처럼 작고 독립적인 활동의 토크 트리거도 있다.

　우리는 구성 요소가 '다르고' 시도와 테스트가 쉬운 토크 트리거를 만드는 방법을 이야기해왔다. 토크 트리거를 테스트했고 그것이 정해진 목표(대화의 10%라는 최소 한계)를 충족한다는 것을 발견했다면 이제는 그것을 확장해 전체 고객층이 접할 수 있게 해야 한다.

　토크 트리거는 마케팅 캠페인이라기보다 운영상의 차별화 요소로 고안한 것이므로 회사 전체로 확장하는 방법은 마케팅 프로그램과 다른 실행 모델로 나타내야 한다. 다음 챕터에서는 더 전형적인 마케팅 믹스* 요소를 이용해 토크 트리거를 증폭하는 방법을 다룰 것이다. 그 전에 우선 회사 관계자들이 당신이 만든 것에 흥분하게 만들 방법에 초점을 맞춰보자.

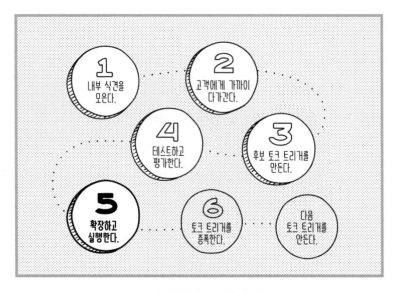

토크 트리거를 만드는 6단계 과정

이해관계자, 직원, 기업을 이해하고 계획하기

지금까지는 스스로 추진력을 일으키는 차별화 요소를 찾는 데 집중했다. 토크 트리거를 찾아 수정까지 거쳤다면 실행하는 일에 더 공을 들여야 한다. 아무도 입에 올리지 않는 토크 트리거가 무슨 소용이 있겠는가.

토크 트리거는 마케팅이 아니다. 그러므로 새로운 마케팅 캠페인, 즉 유료, 소유, 수익매체^{POEM} 요소를 지원하기 위해 사용하는 아이디어가 입소문자를 태울 열차의 첫 번째 정거장이 되어서는 안 된다.

토크 트리거를 실행하고 증폭하려면 먼저 회사 관계자들인 이해관계자^{Stakeholder}, 직원^{Employee}, 기업^{Enterprise}을 고려해야 한다. 일명 SEE 체계를 이해하고 계획해보는 것이다.

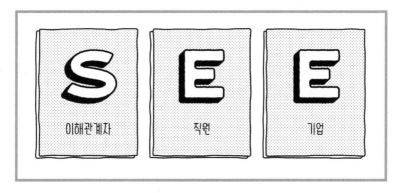

SEE 체계

---

* marketing mix, 기업이 소비자에게 상품 구매를 유도하는 데 활용하는 상품의 특징, 가격, 광고 방법, 판매 장소를 종합한 판매 전략·기술.

토크 트리거의 SEE 체계

토크 트리거의 핵심 요소는 그것이 만들어내는 스토리다. 이것이 USP와 토크 트리거의 차이라는 것을 기억하라. 토크 트리거는 '스토리', USP는 '주요 항목'에 관한 것이다.

토크 트리거 스토리는 록버스터의 제이 소퍼와 동물 복지를 향한 그의 열정 같이 인간애에 뿌리를 둔 것일 수 있다. 혹은 프레시북스의 고객과의 저녁식사처럼 고객의 독특한 성격을 인정하고 찬양하는 것이 스토리의 뿌리일 수도 있다.

그러나 고객이 아무리 토크 트리거를 사랑해도 크든 작든 조직의 모든 구성원이 토크 트리거에 홀딱 빠져 있지 않으면 그것은 결코 효과를 내지 못할 것이다. 입소문을 만들 때는 회사 내의 모든 사람이 같은 목표를 향해 매진하는 것이 대단히 중요하고 또 꼭 필요한 일이다. 마케팅이 단기간의 판촉 활동이라면 회사 전체가 여기에 달려들 필요는 없다. 심지어 그 사실을 알지 못해도 문제가 되지 않을 수 있다. 하지만 입소문은 다르다. 토크 트리거는 구호나 광고가 아니라 기업의 전체 운영 수준에 있는 차별화 요소에서 나온 것이기 때문이다. 입에 올릴 가치가 있다고 고객을 설득하려면 반드시 독특해야 한다. 그리고 독특하려면 모든 사람, 모든 부서가 토크 트리거에 같은 태도를 취해야 한다.

이는 재즈 음악과 마찬가지다. 음악가들에게는 그 나름대로 연주할 자유가 있지만 항상 전체 계획의 틀 안에 있어야 한다. 그들의 경우 그 틀은 한 곡의 음악이다. 당신의 경우 그것은 기존고객이 당신에게 주목할 만한 이유를 친구에게 이야기하고 싶은 욕구다.

이제 토크 트리거를 확장하고 조직의 지지를 얻기 위한 SEE 체계를 살펴보자. 첫 번째 집단은 이해관계자다.

이해관계자

조직이 서로 다르듯 조직의 이해관계자도 서로 다르다. 일반적으로는 내부 이해관계자와 외부 이해관계자로 나뉜다. 내부 이해관계자란 당신을 위해 일하거나 당신과 함께 일하는 사람을 말한다. 이들의 이야기는 이후에 좀 더 다루겠다. 여기서 말하는 '이해관계자'는 조직 외부에 있는 사람, 가령 공급업체, 도급업체, 판매업체, 협력업체, 이사회 구성원, 커뮤니티 지지자를 일컫는다.

이해관계자가 당신의 토크 트리거에 관심을 보이며 배우길 원하는 이유는 무엇일까?

그것이 흥미롭고 특이하고 다르기 때문이다. 당신에게 효과가 있는 토크 트리거라면 그들에게도 유익할 것이다. 그들은 당신의 조직과 연관이 있고 그 이야기를 할 이유를 찾고 싶어 한다. 그들에게 토크 트리거는 스토리나 일화를 널리 알리고 공유할 이유가 된다. 의제 항목이나 이메일을 빨리 업데이트하기만 해도 대다수 이해관계자가 요점을 이해하고 그들이 필요로 하는 맥락을 파악하게 하는 데 충분하다. 다음번에 그들이 당신의 토크 트리거를 들으면(온라인이나 오프라인으로) "알지, 멋지지 않아? 그들이 그런 일을 하는 게 정말 마음에 들어."라고 목소리를 높여 이야기할 것이다.

확인된 이해관계자 집단 중 하나가 당신 회사 토크 트리거의 수혜를 받는 경우도 있다. 제이 소퍼의 록버스터가 그런 경우다. 그는 고객의 팁을 슈가 머즈 레스큐에 기부해 이 동물보호소를 토크 트리거의 이해관계자 중 하나로 만들었다.

직원

외부 이해관계자와 마찬가지로 직원들도 스토리 공유를 원한다. 독특한 토크 트리거는 전 직원의 자부심을 높이는 대상일 수 있으며 그들만이 공유하는 스토리를 갖게 한다. 토크 트리거 전달은 독특한 일로 회사문화와 관련해 내부인의 식견을 제시하는 데 도움을 준다.

팀원들이 토크 트리거가 대화할 만한 가치가 없다고 여기면 고객 역시 '그렇게 생각할 리 없다.' 입소문의 가장 큰 지지자는 기존 직원이어야 한다.

직원에게 당신이 왜 그 토크 트리거를 선택했는지, 직원들이 그 스토리와 어떻게 연관되어 있는지 명확히 설명하라. 이메일로 통보하는 데 그쳐서는 안 된다. 모든 직원이 자신이 그 차별화 요소의 주인이라고 느끼게 만들어라. 직원이야말로 매일 토크 트리거에 부응해야 할 사람들이기 때문이다.

스킵스 키친의 스킵을 생각해보라. 고객이 조커를 뽑으면 식사를 무료로 제공한다는 것은 그의 아이디어였다. 그는 계산대에 서서 직접 일하며 그 토크 트리거를 시작했고 이후 다른 팀원들에게 가장 크게 효과를 내는 방법을 가르쳤다. 결코 직원회의에서 "내일부터 이렇게 합시다."라고 발표한 것이 아니었다.

당신은 모든 의미에서 당신의 토크 트리거에 맞춰 살아야 한다. 더블트리 바이 힐튼의 모든 팀원은 체크인할 때 쿠키를 나눠주는 일의 독특함과 그것에 담긴 힘을 잘 알기에 거기에 주파수를 맞추고 있다. 그것은 회사 DNA의 일부다.

기업

일관성 없는 토크 트리거 실행은 결국 쇠퇴와 죽음으로 이어진다. 좋은 토크 트리거도 계획 없이 적용할 경우 토크 트리거가 작동하게 만드는 핵심 요소 중 하나를 갉아먹는다. 바로 '반복할 수 있는'이란 조건이다. 토크 트리거를 실행하기 어렵거나 일부만 실행할 경우 가끔 일어나는 뜻밖의 놀라움 혹은 이목을 끌기 위해 기분을 맞추는 행위로 전락하고 만다.

파이브 가이스가 추가로 주는 프라이가 주문마다 달라지면 그들의 스토리는 '정말 프라이가 많네!'에서 '맙소사, 지난번보다 프라이를 덜 받았어!'로 변할 것이다. 일관성이 결여될 경우 긍정적인 토크 트리거는 부정적인 토크 트리거로 변한다.

어떻게 하면 토크 트리거를 어디에서나 일관성 있게 적용하도록 만들 수 있을까? 기업 전체를 보라. 파이브 가이스에 더 많은 프라이는 더 많은 감자(모든 지점에서 감자를 손으로 자른다)를 의미한다. 이는 파이브 가이스가 더 많은 감자를 주문해 저장해야 한다는 뜻이다. 또한 주문을 받을 때마다 매번 프라이를 추가 제공하도록 수천 명의 직원을 교육해야 한다는 것을 의미한다.

토크 트리거를 실질적으로 제공하는 것을 넘어 회사가 토크 트리거를 지원할 방법을 좀 더 폭넓게 생각해야 한다. 당신 회사 웹사이트의 FAQ(자주 하는 질문) 코너는 토크 트리거를 반영하고 있는가? 고객서비스 매뉴얼이나 내부 과정을 토크 트리거와 일관성 있게 유지하기 위해 업데이트할 필요는 없는가?

객실의 카드키를 그 지역 대학 유명인사의 학생증으로 만드는 토크 트리거를 보유한 그래듀에이트 호텔은 지점마다 다른 카드키를 제작해야 한다. 그것은 그 일을 맡은 팀원들에게 분명 영향을 줄 것이다.

'터무니없이 친절한 추심'을 내세우는 아메리콜렉트의 경우 토크 트리거가 유형의 물건이 아니라 지속적인 문화다. 이럴 때는 채용에 신중을 기하고 신규직원에게 그 회사가 '전혀' 다른 유형의 추심대행 회사라는 것을 가르치는 명확한 절차를 교육 과정에 포함해야 한다.

SEE 체계는 차별화 요소가 토크 트리거가 되기 위해 충족해야 하는 4가지 조건을 놓치지 않도록 도와준다. 토크 트리거는 주목할 만하고, 관련성이 있고, 타당하고, 반복할 수 있어야 한다.

이번에는 토크 트리거 증폭을 위해 견고한 내부 추진력을 구축하고 그 범위를 확장하는 방법을 살펴보자.

데이터로 무장하면 내부 저항을 해결할 수 있다

강력한 토크 트리거를 보유한 조직은 대부분 불가피한 진화를 겪는다. 토크 트리거를 찾고 실행한 뒤 첫날부터 그것이 전속력으로 작동하는 일은 매우 드물다. 물론 스킵스 키친은 예외다. 보통 토크 트리거는 그처럼 매끄럽게 작동하지 않는다.

지금까지 설명한 방법은 고객에게 다가서고, 그들의 니즈가 무엇인지 생각하고, 토크 트리거가 고객에게 경험을 공유할 명확한 이유가 되도록 만드는 방법을 고민하는 데 도움을 준다. 데이터로 무장한당신은 '안 될 거야.', '우리는 할 수 없어.'라는 식의 내부 저항을 해결할 도구를 모두 갖추고 있다. 창의적인 사람은 이러한 충돌을 낙관적인 징후를 모두 천천히 갈아 없애는 거친 사포처럼 여긴다.

지금까지 토크 트리거 절차와 관련해 얻은 모든 지식은 기막히게 좋은 트라이앵글 영역 안에 머물러 있었다. 이제 동료들과 당신의 토크 트리거 경험, 그것이 당신 사업에 미치는 영향을 공유하는 발표 시간이다. 이 시간은 동료들이 운영상의 걱정과 두려움에서 빠져나와 다시금 창의적인 생각을 하도록 하는 데 도움을 줄 것이다.

"돈 들이지 않고 더 많은 고객을 얻을 수 있다"고 설득하라

이메일로 회의를 요청할 때 동료들이 주의를 기울이게 만드는 가장 쉬운 방법은 무엇일까? 회의 주제를 쓰는 칸에 '돈을 들이지 않고 더 많은 고객을 얻는 방법'이라고 적어보라.

누가 그런 회의에 빠지겠는가? 그 주제는 대체로 호기심을 유발하지만 심각한 회의론자에게는 의심쩍은 눈길을 받는다. 회의를 요청할 때 호기심을 불러일으켜라. 그리고 회의에서 이런 결정적 발언을 하라.

"더 많은 고객을 모으도록 기존고객을 독려할 방법을 찾았습니다."

당연히 비판적 어조로 질문하는 사람이 있을 것이다.

"어떻게 말입니까?"

그 질문을 시작으로 동료들과 토크 트리거 스토리를 공유하라. 그들에게 고객 리서치에서 배운 것과 고객 입장에 서본 경험이 어떠했는지 이야기하라. 이어 당신이 테스트한 초기 아이디어(혹은 일련의 아이디어)를 공유하라. 동료들에게 그 아이디어가 어떤 성과를 냈는지 솔직하게 말하라. 그것이 테스트 단계에서 사업에 미친 결과를 공유해 그들이 토크 트리거가 어떻게 작동하고 어떤 결과를 냈는지 맥락을 이해하게 하라.

그런 다음 "우리는 이제 막 시작했을 뿐이다."라고 말하라. 존경하는 기업 중 규모가 크거나 실행하기에 복잡한 토크 트리거를 보유한 몇몇 기업의 사례를 보여줘라. 치즈케이크 팩토리, 더블트리 바이 힐튼 호텔 앤 리조트, 파이브 가이스 엔터프라이즈 등 몇 가지는 이 책 안에 있다.

이제 바퀴가 돌기 시작하는 모습을 볼 것이다.

시작과 함께 관심을 받는 것 같다면 당신이 만든 아이디어를 배치한 복잡성 지도를 공유하라. 당신이 테스트한 아이디어와 그것이 어떤 성과를 냈는지에 집중하되 이후 복잡성 영역에 더 넓게 퍼져 있는 다른 아이디어를 이야기하라.

분명 이런 기회가 아니라면 회의론자로 남았을 동료들에게 기꺼이 새로운 아이디어를 다루고 테스트할 마음이 생길 것이다. 기존 토크 트리거가 고객 경험의 다른 측면으로 진화하게 하는 몇 가지 개념을 만들 수도 있다.

경영진의 전폭적인 지지를 받는 법

성공적인 토크 트리거 활용은 또 다른 유용한 부수 효과를 낳는다. 바로 경영진 내에서 옹호자가 생겨난다.

토크 트리거를 시도하는 동안 드러나지 않던 식견은 광범위한 영향력을 발휘한다.

그로스해커스^{GrowthHackers}의 CEO 션 엘리스는 사용자가 어디에 있든 그들의 컴퓨터에 접근하게 해주는 원격지원 도구 로그메인 레스큐 ^{LogMeln rescue} 제품에서 이런 경험을 했다. 로그메인에서 일하던 경력 초기에 션은 고객의 초기 제품 경험에 존재하는 공백을 발견했다. 이 때문에 고객들은 떠나거나 활동을 그만두었다.

이 공백 문제를 자체 해결하는 것은 토크 트리거가 아니지만 이 회사는 주로 입소문으로 고객을 늘렸기에 이는 분명 위험 요인이었다. 제품팀에 문제를 제기하고 그들과 논의한 후에도 로그메인은 해법을 찾지 못했고 제품팀은 다른 것에 초점을 맞추고 있었다. 사실 션은 그 문제가 제품에만 관련된 것이 아니라는 사실을 알고 있었다. 그것은 마케팅 문제이기도 했고 웹 디자인과도 연관이 있었다.

이때 션은 데이터를 준비해 회사 CEO에게 그가 발견한 사실과 우려를 해법과 함께 제시했다. CEO는 그 자료에 동의했고 회사 전체에서 고객을 유치하는 문제를 재해석하기 위한 통합 활동을 시작했다. 그 과정에서 로그메인 신규고객의 80%가 입소문으로 발생한다는 것을 발견했다.

경영진 내에서 옹호자를 얻으면 토크 트리거를 주 무대로 보내려 할 때 전폭적인 지원을 얻을 수 있다.

데이터는 CEO나 CMO가 토크 트리거에 전력을 다하기 전에 알고자 하는 유일한 것이 아니다. 그러므로 당신이 공유하려는 스토리를 깊이 생각해봐야 한다. 테드 라이트는 《인플루언서 마케팅》에서 추가 이점이 있는 '음식'이라는 유용한 전통 방법을 설명했다.

　그는 직원을 식사 자리에 불러 간단한 역할놀이를 한다. 각 직원에게 하나의 역할이나 페르소나를 맡기고 자신의 스토리를 이야기하게 하는 것이다. 이 접근법이 유용한 이유는 무엇일까? 누군가가 실제로 당신의 스토리를 어떻게 공유할지 생각해보게 만들기 때문이다.

　"CMO에게 입소문 마케팅을 시도해보려 한다고 말할 때 사용할 단어와 문장을 확실하게 정하는 것이 목적이다. 예산이나 ROI* 문제와 맞붙기 전에 그(혹은 그녀)에게 설명해 이 모든 것이 타당하다는 점을 설득할 수 있어야 한다."

　이 방법은 소규모 기업에 대단히 유용하다. 소규모 기업이 으레 그렇듯 당신이 CEO, COO, CMO, CTO, CFO 역할을 맡고 있는 상황이라면 라이트처럼 동료와 식사를 하면서 진행하는 연습의 목표는 추진력과 내부의 관심을 이끌어내는 데만 두면 된다.

추진력이 부족한 조직에 활력을 불어넣는 토크 트리거

물리학과 마찬가지로 모든 조직을 성공적으로 관리하는 일은 추진력

---

* Return On Investment, 투자자본수익률.

에 달려 있다. 토크 트리거는 추진력이 부족하다고 느낄 때 사실상 거의 모든 조직에 활기를 불어넣는 하나의 방법이다. 고객, 직원, 이해관계자가 활기를 느낄 경우 다른 모든 사람도 활기 있는 느낌을 받는다.

토크 트리거가 내부 팬층을 늘려갈 때는 초기 성과를 반드시 공유하라. 새로운 성장 한계를 뛰어넘거나 매출 목표를 한참 넘어설 때처럼 무언가 놀라운 일이 발생하면 그 일을 축하하고 모두에게 그 중심에 고객이 있음을 강조한다. 독특하다는 것은 대단히 좋은 것이다!

효과적인 토크 트리거는 뛰어난 브랜드 경험을 만들며 그 작은 내부의 축하와 인정은 당신 조직의 단결심을 더 강화해준다.

토크 트리거는 광고나 단순히 이목을 끄는 행동보다 수명이 길기 때문에 지속성이 있고 조직의 뛰어난 서사를 계속해서 이어지게 한다. 이것은 일종의 지속성 마케팅이다.

지금까지 우리는 토크 트리거를 테스트하고 평가하고 그것이 작동하게 일을 검토했다. 어떻게 하면 더 많은 사람이 그것을 실제로 이야기하게 만들 수 있을까? 이제 토크 트리거를 확장하는 일을 살펴보자.

산뜻하고 간결하고 쉬울수록 강력해진다

당신이 이야기할 가치가 있는 주목할 만한 아이디어를 찾았을 경우 어떻게 해야 고객이 그것을 이야기하도록 만들 수 있을까? 초기에 고객 대화의 10%가 그 아이디어일지라도 이후 25%까지 늘어나지 않으면 그저 앉아서 기다려야 할까?

걱정 마시라. 대화에 불을 붙이고 추진력을 촉진하는 도구가 있다. 그렇지만 토크 트리거는 의도적인 운영상의 전략적 차별화 요소임을 기억해야 한다. 토크 트리거는 고객 추천 프로그램이나 인플루언서를 활용하는 광고 캠페인이 아니다.

이 책의 모든 사례에 나타나는 것이자 훌륭한 토크 트리거의 결과 중 하나는 이것이다. 토크 트리거는 이야기와 추천을 불러일으킨다!

그러면 토크 트리거와 추천 프로그램의 차이는 무엇일까?

많은 기업이 추천 프로그램을 실행하고 있다. 고객은 간혹 무언가를 무료로 얻거나, 한 달 서비스에 한정해 할인을 받거나, 티셔츠를 받는다. 당신은 그런 우대책을 적용받고 실제로 친구, 가족, 동료에게 무언가를 추천한 적이 있는가? 어쩌면 한두 개 사례를 떠올릴 수 있을지도 모르지만 그건 드문 경우다.

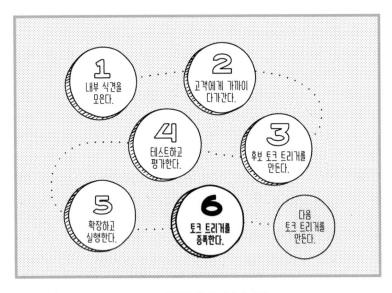

토크 트리거를 만드는 6단계 과정

왜 그럴까? 사람들은 광고판이 아니다. 조나 버거가 《컨테이저스: 전략적 입소문》에 적었듯 "사람들은 걸어 다니는 광고를 좋아하지 않는다."

토크 트리거가 작동하는 이유는 그들이 미묘하고 실재하는 존재이기 때문이다. 그들은 친구나 가족의 이메일 주소와 교환할 때 보상으로 주어지는 추천 장치로 고안된 존재가 아니다.

토크 트리거는 진실한 경험이지 광고가 아니다. 이것은 입소문이 광고에 비해 5배나 매출을 끌어올리는 이유지만 우리가 밝혔듯 입소문과 광고는 서로 배타적이지 않다. 그 각각은 서로에게 도움을 준다. 그렇다면 마케팅 믹스를 어떻게 사용해야 토크 트리거를 지원할 수 있는지 검토해보자.

아이에게도 쉽게 설명할 수 있는가

당신에게는 당신네 브랜드 로고를 은밀한 부분에 기꺼이 문신할 정도의 팬이 있는가? 기업은 대부분 그렇게까지 운이 좋지 않다.

소비자가 기꺼이 공유하려 하는 메시지와 스토리는 어떤 것일까? 이해하고 설명하기 쉬운 것 다시 말해 별표, 조건, 법률 용어와 거리가 먼 것이다. 고객은 조건이나 조항을 좋아하지 않으며 스토리를 전할 때는 더욱더 그렇다.

"정말 근사한 호텔을 얘기해줄게. 그들은 손님을 맞이할 때 따뜻한 초콜릿칩 쿠키를 주는데 양은 많지 않고 모든 지점에서 다 그렇게 하지는 않아."

이러한 이야기를 열정적으로 하는 고객은 많지 않다. 사람들은 이런 식으로 스토리를 공유하지 않는다. 토크 트리거 메시지는 산뜻하고 간결하고 단순해야 한다. 예외, 경고, 조건이 존재하면 안 된다.

홀리데이 월드는 무료 음료를 제공할 때 이 접근법을 심각하게 받아들였다. 많은 놀이공원이 무제한 리필이 가능한 재사용 컵을 판매하는데 컵을 잃어버리면 음료 리필 특권도 잃는다. 주목할 만하다기보다 계약이라고 느끼게 만드는 조건이 붙어 있는 셈이다.

이와 달리 홀리데이 월드는 청량음료가 1년 365일 항상 무료다. 음료대에 무료 컵을 비치해 특별히 컵이 필요치 않다. 식당도 마찬가지다. 여기에는 수수료도 없고 아무런 제한도 없다. 이야깃거리가 될 만한 이 관대한 메시지는 소통하기가 간단하고 쉬워 마케팅 믹스 전반으로 쉽게 증폭된다.

홀리데이 월드의 커뮤니케이션 책임자 폴라 베르네는 이렇게 말한다. "그것은 투자이자 커뮤니케이션 전략입니다. 우리는 모든 광고에 그 이야기를 담고 소셜미디어에도 포스팅합니다. 모든 사람이 우리가 하는 일을 알 수 있게 말이죠. 선더버드는 지구상에서 가장 환상적인 놀이기구지만 소비자에게 왜 여기로 와야 하는지 알려야 한다면 선더버드보다 항상 무료로 제공하는 청량음료를 내세울 겁니다."

이것을 생각하는 또 다른 방법은 다음 질문을 던지는 것이다.

"아이에게 당신의 토크 트리거를 설명할 수 있습니까?"

만약 그럴 수 없으면 고객도, 마케팅 활동도 효과적으로 확장하기 어렵다. 여기서는 이것이 첫 단계다. 아이에게 토크 트리거를 설명했을 때 아이가 그것을 이해하면 이를 확장하고 촉진할 방법을 찾을 수 있다.

우리의 토크 트리거 중 하나는 홈페이지에서 무료로 다운로드해 쓸 수 있는 토크 트리거 프레젠테이션 자료다. 자신의 토크 트리거에 맞게 바꿔 써도 좋고 회사 동료들과 공유해도 좋다.

'왜냐하면'이라 묻고 답하기

모든 토크 트리거의 수명주기는 어딘가에서 결정된다. 어느 순간 어떤 이유로 구체적인 일이 행해지기 때문이다. 당신이 개발해 복잡성 지도에 표시한 아이디어는 모두 당신 회사의 사명이나 커뮤니티와 연결되고 모든 토크 트리거에는 이유가 존재한다.

당신은 그 스토리가 반드시 사람들에게 알려지도록 만들어야 한다. 스토리에 자신을 끼워 넣는 것은 쉬운 일이며 이는 토크 트리거 성공에 꼭 필요하다. 스토리는 단순할수록 더 좋으므로 복잡하거나 지나치게 공을 들일 필요는 없다.

더블트리 바이 힐튼은 고객이 체크인할 때 따뜻한 초콜릿칩 쿠키를 준다. 왜냐하면 고객이 환영받는다고 느끼길 바라기 때문이다.

파이브 가이스는 프라이를 추가로 준다. 왜냐하면 고객이 무언가를 추가로 받았다고 느끼길 바라기 때문이다.

마술 공연을 하는 펜 앤 텔러는 공연이 끝난 후 모든 관객과 만난다. 왜냐하면 관객이 커뮤니티의 일원임을 느끼길 바라기 때문이다.

당신의 '왜냐하면' 진술은 무엇인가? 다음 문장을 완성하라.

'우리는 (토크 트리거)를 실행한다. 왜냐하면 (이유) 때문이다.'

스토리는 당신이 토크 트리거를 사적인 것으로 만드는 데 도움을 준다. 당신이 토크 트리거를 염두에 두고 기부하기로 결정했다면 사람들이 어디에, 왜 기부하는지 알게 하라.

에어뉴질랜드가 스카이카우치를 만든 것처럼 좀 더 편안한 제품을 위해 다시 디자인했을 경우 사람들이 여행을 불편한 일로 여긴다는 것을 알고 있기 때문임을 알려라.

당신 브랜드의 '왜냐하면'은 대다수 사람들이 당신의 토크 트리거를 경험하고 친구, 가족, 동료와 공유하는 스토리로 바꾸는 데 필요한 연결고리다. 나아가 그들의 경험은 당신 토크 트리거의 일부가 된다.

고객 경험 요소를
다른 마케팅 채널과 공유하라

마케팅 믹스는 토크 트리거를 증폭하는 시작점이다.

홀리데이 월드가 무료 음료로 그랬듯 당신은 고객 경험 요소를 다음을 비롯한 다른 매체 환경에서 공유할 기회를 찾아야 한다.

- 광고
- 소셜미디어
- 고객서비스 응답
- 이메일 캠페인
- 웹사이트

우리와 대화한 많은 사람이 자신의 토크 트리거가 유료 미디어 활동에 미친 긍정적 영향을 떠올렸다. 더블트리는 실제 토크 트리거를 중심으로 #스위트웰컴^{SweetWelcome}이라는 광고 캠페인을 시작했다. 유료 매체로 토크 트리거를 지원한다는 목표는 특히 젊은 여행자 사이에 두드러지게 나타나는 여행 행태 변화에서 비롯되었다.

힐튼의 글로벌 브랜드 부문 부사장 스튜어트 포스터는 말했다.

"접객 마케팅은 신세대 여행자를 대상으로 끊임없이 진화하고 있습니다. 업장 내의 음식과 음료 제공, 욕실 소모품 같은 '유형 제품'에만 초점을 둔 통합 마케팅 캠페인 개발로는 충분치 않습니다."

다른 매체의 지원 없이 독립적으로 유지하는 토크 트리거의 중요성은 아무리 강조해도 지나치지 않다. 그 혜택은 사업의 여러 영역에서 고객 호감도의 벤다이어그램을 만든다. 광고, 소셜미디어, 유료 매체도 그 수혜자다.

크리스피 크림이 메시지를 강화하는 방식

주목을 끌기 위해 어떤 일을 하는 경우 리얼리티 쇼의 주인공이 될 수는 있다. 하지만 그런 식으로는 장기적으로 팬을 많이 얻을 수 없다. 미디어의 관심은 훌륭한 토크 트리거의 부수 효과일 뿐 그 목표가 아니다.

　토크 트리거 마케팅에서 기자를 비롯한 인플루언서는 어떻게 대해야 할까? 대단히 신중을 기해야 한다. 우리가 볼 때 당신은 그와 관련해 손을 쓸 필요가 없다. 이는 당신 회사를 차별화하고 경쟁업체와 구분하는 효과적인 논란거리다. 미디어를 핵심 메시지 구조 내에서 회사가 고객을 위해 전념하고 있다는 증거로 활용하라. 그 외에 토크 트리거 문제는 의도한 대중, 즉 고객에게 맡기는 것이 가장 좋다.

　빨간불이 켜져 있는 크리스피 크림Krispy Kreme에 가본 적 있는가? 그 같은 도넛 가게는 다른 곳에서는 볼 수 없다. 크리스피 크림은 모든 지점에서 도넛이 만들어져 나올 때면 매장 밖에 걸린 '지금 따뜻합니다.'라는 네온사인에 불이 들어온다. 굉장히 시각적인 이 신호는 행인에게 도넛이 나올 때가 가까워졌고 살 마음이 없었어도 가게에 들어가면 폭신하고 맛있는 도넛을 살 수 있음을 알려준다.

　이것은 토크 트리거 증폭의 정점으로 제품의 일부가 되었다. 크리스피 크림에서는 토크 트리거(갓 나온 따끈한 도넛) 증폭이 아주 중요하기 때문에 따뜻한 도넛을 먹을 수 있는 가장 가까운 장소를 찾는 사람들을 위한 전용 앱까지 만들었다.

　이것은 가장 복잡하고 가장 발전한 형태의 토크 트리거 실행이기도 하다. 당신도 이 정도에 이를 수 있을까? 당연하다. 그러나 이것은 시작하자마자 가능한 게 아니며 장기적인 임무다. 하나하나 단계를 밟으며 나아가다 보면 크리스피 크림의 규모와 범위에 견줄 만한 아이디어를 만드는 과정에서 지속성 있는 무언가를 만들었음을 발견할 것이다.

비밀은 입소문의 적

토크 트리거는 바로 착수하기가 쉽지 않다. 일단 착수했다면 자신을 너무 몰아세우지 마라. 미묘함을 추구하느라 중요한 것을 놓쳐서는 안 된다. 토크 트리거에 지나치게 예민한 것은 판촉에 너무 집중하는 것만큼이나 해롭다.

　토크 트리거를 더 확연히 드러내 혜택을 본 기업 중 하나가 아마존, 특히 아마존 웹서비스Amazon Web Services, AWS다. AWS가 다른 회사는 따라가기 힘들 정도로 고객이 자사에 몰입하게 만든다는 것을 알면 놀라는 사람이 많을 것이다. AWS는 경비 절감 요소를 발견할 경우 주도적으로 가격을 낮춰 그 혜택을 고객에게 돌려준다.

　AWS가 보낸 이메일을 받는 상황을 상상해보라. 이메일을 열어 읽어보면 이제부터 청구액이 높아지는 게 아니라 낮아진다는 것을 발견한다. 정말 너그러운 토크 트리거가 아닌가!

이러한 입소문 발생 장치를 운영하는 일은 상당히 복잡하다. 실제로 AWS의 제품 세트는 30개가 넘는 범주에 속하는 130개 이상의 서비스로 이뤄져 있고 지리적 위치에 따라 시장가격도 다르다. 아마존 웹서비스의 가격책정표는 마치 눈송이처럼 고객마다 다 다르다.

그런데 AWS는 그 가격 인하를 눈에 띄는 이야깃거리로 만들려는 시도를 전혀 하지 않는다. 즉, '축하합니다. 앞으로 청구액이 낮아질 것입니다.'라는 말을 내세우지 않고 눈에 잘 띄지 않게 다룬다. 심지어 주요 항목이 들어간 긴 이메일 속에서 이 중요한 뉴스는 묻혀버린다.

자사 토크 트리거에 보이는 부족한 열의는 AWS 고객에게 당연히 영향을 준다. 고객이 AWS 이야기를 할 때 '가격 인하'가 흔한 주제가 아닌 이유도 부분적으로 여기에 있다. 세계 최고 자유방임주의의 용처럼 AWS는 방 안을 꽉 채운 토크 트리거 광산 꼭대기에 앉아 있으면서도 겨우 속삭이듯 언급하는 데 그친다.

비밀은 입소문의 적이다. '비밀' 메뉴로 널리 알려진 미국의 버거 체인 인앤아웃 버거조차 자사 웹사이트의 독립된 페이지 전체를 할애해 이 비밀 메뉴와 활용법을 설명하고 있다. 이것은 가수 머라이어 캐리가 TV에서 립싱크를 한다는 점이 비밀인 것과 비슷하다.

시간이 흐르면 토크 트리거는 기업문화가 된다

여기서 퀴즈를 하나 내겠다.

"파이브 가이스의 고객과 직원이 공통으로 지닌 것은 무엇일까?"

답은 '프라이에 보이는 열의'다.

그들은 모두 그 재미있는 일을 알고 있고 그것이 어떤 방향을 가리키는지도 안다. 직원들은 토크 트리거에 계속해서 열의를 보이고 그것을 전달하는 교육을 받음으로써 토크 트리거를 발견하는 문화를 구축하는 데 도움을 준다. 이것은 굉장히 중요하다. 우리는 앞서 SEE 체계와 관련해 '직원들이 최고의 입소문 지지자이자 토크 트리거 확장의 원천일 수 있음'을 강조한 바 있다.

토크 트리거는 시간이 흐르면서 진화하고 기업문화의 일부가 된다. 이것은 치즈케이크 팩토리, 더블트리, 홀리데이 월드, 아메리콜렉트, 록버스터, 프레시북스 등 이 책에 등장하는 모든 사례에도 해당한다. 다르게 일하는 방식을 처음 접한 직원들은 겁을 먹지만 이것은 곧 그들의 자부심으로 자리를 잡는다. 그들은 특정 배경에서 자신의 경험을 이야기하고 이는 토크 트리거를 강화한다. 이것은 신뢰를 더해주며 고객은 어떤 것이 진짜인지 알아차린다.

토크 트리거는 고객층 외부에서 호감도를 크게 높여주기도 한다. 그것은 직장 평가 사이트 글래스도어^{Glassdoor}의 기업 리뷰와 구인 사이트에서 드러나 당신의 구인 활동에 긍정적 영향을 줄 수 있다.

치즈케이크 팩토리의 직원 리뷰는 이를 잘 요약한다. 거기에서 일하는 장점 중 하나는?

"엄청난 메뉴다."

토크 트리거 증폭은 그 지속성과 선순환 관계에 있다. 이것은 토크 트리거가 대화에 활발하게 등장하고 관련성을 유지하게 해준다. 만약 수익 감소로 토크 트리거가 어려움을 겪기 시작하면 어떻게 될까? 챕터 19에서 이를 살펴보자.

입소문 유통기한을 늘려라

더 이상 말할 필요조차 없을 만큼 어떤 것을 좋아한다면 어떨까? 작가이자 CEO인 앤디 서노비츠는 이것을 '초콜릿 문제^{chocolate problem}'라고 설명한다.

"우리는 모두(혹은 거의 모두) 초콜릿을 좋아한다. 또한 우리는 어떤 것은 몰레소스 맛이 나고 어떤 것은 벨벳처럼 부드러운 바나나 팬케이크가 들어간 초콜릿의 그 다양한 종류에 감사한다. 초콜릿은 놀랍다. 더 이상 어떤 말이 필요 없을 정도로 말이다."

서노비츠는 초콜릿 문제를 이해하면 구글이 맵스^{Maps} 제품에 어떻게 꾸준히 열의를 유지했는지 알 수 있다고 말한다. 처음에 구글 맵스는 아주 대단했고 맵퀘스트^{MapQuest}를 비롯한 다른 지도 서비스에 비해 훨씬 우월했다. 그래서 많은 사람이 구글 맵스 이야기를 했지만 금세 시들해졌다. 특별할 것 없는 흔한 일이 되어버렸기 때문이다.

그러자 구글은 실시간 트래픽을 추가했고 사람들은 다시 구글 맵스를 이야기했다. 물론 실시간 트래픽도 곧 특별할 것 없는 흔한 것이 되었다. 이어 구글은 위성사진을 추가했지만 이것 역시 어깨를 으쓱하는 정도의 반응만 이끌어내는 존재로 바뀌었다.

그다음은 스트리트-뷰인데 이것은 많은 대화를 이끌어냈다. 너무 오싹했기 때문이다. 처음 공개했을 때 사람들은 스트리트-뷰의 이상한 점이나 특이한 점을 찾기 위해 며칠씩 세계 곳곳을 살폈다. 그러나 이제 사람들은 그것을 별로 언급하지 않는다.

더러는 대단하고 놀라운 것도 유통기한이 짧게 끝나버린다. 입소문계의 혜성이라고나 할까? 부모님과 조부모님이 이야기할 정도로까지 이야깃거리로 부상했다가 더 이상 아무도 주목할 만하다고 생각하지 않는 것이 되고 만다. 일부는 짧은 유통기한 때문에 곤란을 겪기도 한다. 기대치를 올리고 주목할 만한 것을 제공해도 시간이 지나면서 대단치 않은 것이 되는 경우는 흔하다.

일부 브랜드는 하나의 토크 트리거로 오랜 세월을 버틴다. 더블트리는 쿠키로 이런 일을 했다. 하지만 더블트리도 고객의 주의를 다시 끌어들이고 그들에게 토크 트리거를 떠올리게 하는 일이 필요하다고 생각한다. 이 브랜드는 고객이 쿠키에 보이는 관심에 다시 불을 붙이지 않으면 토크 트리거 자체가 초콜릿칩이 든 벽지 같은 존재가 될 수 있음을 알고 있다.

당신이 옹호하고 애지중지하고 인기를 모으기 시작한 근사한 어떤 것이 쇠퇴하는 중이라면 당신은 어떻게 하겠는가?

엔터프라이즈 렌트어카Enterprise Rent-A-Car는 이런 경험을 했다. 이 회사에는 오랫동안 이어져온 토크 트리거로 고객을 집이나 직장에서 데려오고(데려오거나) 데려다주는 일이 있다. 수년간 이 브랜드는 모든 TV 광고에 다음 문구를 사용했다.

'우리가 모시러 갑니다!'

한때 이것은 이야깃거리가 될 만한 강력한 차별화 요소였다. 에이

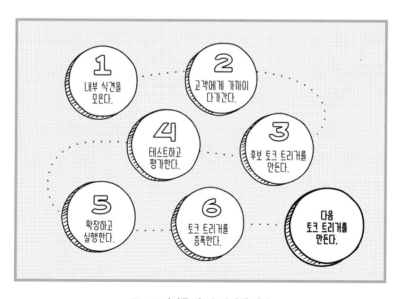

토크 트리거를 만드는 6단계 과정

비스^{Avis}, 버짓^{Budge}, 알라모^{Alamo} 렌트카는 고객을 데리러 가지 않았기 때문이다. 설령 그렇게 했어도 그것을 알거나 그 이야기를 하는 사람은 거의 없었을 것이다. 엔터프라이즈에는 관대함의 범주에서 반복할 수 있고 관련성이 있는 토크 트리거가 있었고 거기에서 오는 이점을 누렸다. 그러나 지금은 고객의 입에 오르지 않는 토크 트리거가 되어 버렸다.

우리는 2017년 가을 제이슨 폴스^{Jason Falls}, 컨벤셔널 리서치 인스티튜트^{Conversational Research Institute}와 함께 '고객 픽업'의 힘을 보여주는 증거를 찾아 엔터프라이즈 브랜드와 관련해 1만 개의 소셜미디어 언급을 조사했다. 흥미롭게도 그런 것은 존재하지 않았다. 소셜미디어에서 엔터프라이즈를 긍정적으로 언급한 것 중 픽업 서비스는 자주 언급한 속성 순위 8위에 올랐다. 이는 입소문의 지배적인 발동 장치라고 보기 힘든 정도다.

무슨 일이 일어난 것일까?

성공적이던 토크 트리거가 과거처럼 대화에서 인기를 얻지 못하고 힘을 잃기 시작하는 데는 3가지 이유가 있다.

첫째, 경쟁업체들이 당신을 모방한다. 웨스틴 호텔은 헤븐리 베드로 '편안한 호텔 침구' 열풍을 불러일으켰지만 차별화 요소로써 독특성을 유지할 수 없었다. 힐튼 가든 인, 메리어트 인터내셔널 등 다른 브랜드가 수면의 질을 강조한 경쟁에 뛰어들면서 헤븐리 베드는 이야깃거리로 입에 올릴 만한 가치가 떨어졌다.

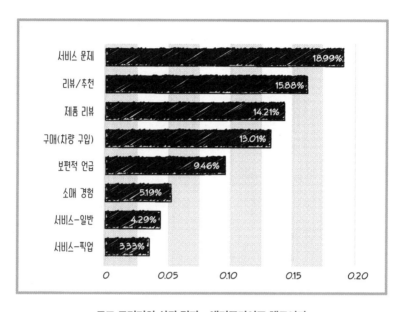

토크 트리거의 쇠퇴 결과 – 엔터프라이즈 렌트어카

둘째, 토크 트리거가 너무 널리 알려져 기대가 커지면서 더 이상 언급하게 할 만큼 고객을 놀라게 하지 못한다. 무료 반송 개념을 개척한 자포스^{Zappos}가 대표적인 경우다. 자포스 고객의 거의 100%가 그것을 알고 기대하는 바람에 이를 소재로 한 대화는 활력을 잃었다.

셋째, 기술과 사회의 표준이 변화하면서 토크 트리거의 흥미성과 관련성이 줄어든다. 엔터프라이즈가 그런 경우다. 미국 내에 우버와 리프트 같은 승차 공유 앱이 출현하면서 '픽업'이 한 번의 클릭으로 가능해졌기 때문이다.

자동차 회사 파라곤 디렉트는 어느 시간이든 자동차를 픽업해 야간에 수리한 후 아침에 출근하기 전에 고객에게 돌려준다. 그런데 속도를 기반으로 한 '우리가 모시러 갑니다.'라는 토크 트리거도 더 이상 이전 같이 대화를 촉발하지 못한다.

엔터프라이즈는 토크 트리거의 점진적 가치 하락을 인식한 듯하다. 그들은 이제 스스로를 '전 세계적인 운송의 해법'이라고 칭한다. 물론 여전히 픽업 서비스를 제공하지만 그 세부 내용은 FAQ 항목으로 바뀌어 강등되었고 여러 조건이 붙어 그다지 따뜻하고 포근한 느낌을 주지 않는다.

당신이라면 당신의 토크 트리거가 더 이상 주목받지 못하는 존재가 되었을 때 어떻게 하겠는가? 당연히 관련 활동을 서서히 줄이고 새로운 토크 트리거를 만들어야 한다.

입소문에서 입소문으로 이동하는 과정

토크 트리거 진화나 업그레이드를 조장하는 것은 무척 중요하다.

처음부터 다시 시작해야 하느냐고? 꼭 그럴 필요는 없다. 시간이 지나면서 토크 트리거의 성과가 나빠지고 있다면 새로운 구상을 테스트하기 전에 우리가 이 책에서 서술한 과정의 일부를 되짚고 데이터, 식견, 아이디어를 다시 검토하면 된다.

토크 트리거를 만드는 새로운 팀을 꾸리거나 기존 팀을 재정비하고 새 자료를 검토한다. 처음처럼 전면적·독립적 활동일 필요는 없다. 이미 토크 트리거를 처리하는 작업 과정을 구축했으니 말이다. 이 단계가 거의 필요치 않은 회사 내 문화 변화를 감지했을 수도 있다. 우리는 다른 조직보다 고객 식견에 더 유연하게 반응하는 조직을 발견했다.

그 후 챕터 14('고객에게 더 가까이 다가가라')와 챕터 15('토크 트리거 후보군을 만들어라')에서 서술한 과정을 따른다. 이렇게 수정한 방법은 당신이 복잡성 지도에 표시할 수 있는 새로운 아이디어를 낳고 기막히게 좋은 트라이앵글 내에서 집단으로 사용할 수 있는 신선하고 새로운 관점도 제시할 것이다. 이는 긴 머리와 진한 화장이 없는 록밴드 건스 앤 로지스의 재결합 공연과 비슷하다. 그들처럼 음악은 같되 공연은 업데이트해야 한다.

새로운 아이디어를 만들 때 도움이 필요하다면 4-5-6 시스템 중 5가지 토크 트리거 유형, 즉 이야깃거리가 될 만한 공감, 이야깃거리가 될 만한 유용성, 이야깃거리가 될 만한 관대함, 이야깃거리가 될 만한 속도, 이야깃거리가 될 만한 태도로 되돌아간다.

토크 트리거가 진정 어떤 것인지 상기하는 것은 언제나 유용한 일이다. 토크 트리거는 운영상의 전략적 차별화 요소다. 토크 트리거는 주목할 만하고, 반복할 수 있고, 타당하고, 관련성이 있어야 한다. 당신의 새로운 아이디어는 그런 지표에 부응하는가? 그렇다면 그것을 새로운 복잡성 지도에 표시하라.

기존 토크 트리거의 진화를 위해 당신이 찾는 아이디어는 어떤 종류인가? 기존 토크 트리거와 연관이 있으면서도 사업상 더 독특한 어떤 것을 만들려면 복잡성 변수를 한층 더 낮춰야 한다.

문화나 행동 추세가 변해 기존 토크 트리거의 실행과는 관련성이 없지만 기본 전제는 여전히 견실하다는 것을 발견할 수도 있다. 고객의 제품 소비 방식이 변했다면 당신의 토크 트리거 역시 변해야 한다.

토크 트리거 진화에는 위험이 따른다는 점에 주목할 필요가 있다. 때로 기업은 고객 경험에서 사랑받는 요소에 변화를 주지만 그것은 토크 트리거로 인정받지 못할 수 있다. 그 대표적인 예가 L. L. 빈 L.L.Bean이다. 이 회사는 2018년 초 자사를 차별화해준 오랜 환불 정책을 바꿨다. 변화하기 전 L. L. 빈의 환불 정책은 조건이 전혀 없는 단순한 것이었고 고객은 어떤 이유로든 언제나 환불받을 수 있었다.

몇몇 고객은 수십 년이 지난 물건까지 환불을 요구해 L. L. 빈의 관대함을 시험했다. 여러 기준에서 볼 때 구매 후 1년 이내라면 어떤 이유로든 환불이 가능하다는 새로운 정책 역시 상당히 너그럽다. 하지만 이 회사는 진정한 차별화 요소였던 과거의 환불 정책을 더 표준에 가까운 새 환불 정책으로 대체하면서 비판을 초래하고 브랜드 이미지에 타격을 입었다. 문제는 L. L. 빈의 새 정책이 아니라 변화를 공개하는 방식에 있었다. 토크 트리거를 보류하거나 바꾸기로 결정했다면 그것을 고객과 어떻게 소통할지 주의를 기울여야 한다.

시너지를 일으킬 더 별난 토크 트리거 추가하기

당신이 고려해야 할 또 다른 접근법은 기존 토크 트리거를 포기하지 않는 것이다. 포기하기보다 다른 토크 트리거, 즉 자매 토크 트리거를 추가해 완전히 새로운 스타일의 대화를 유발한다.

이것이 어떻게 작동하는지 보여주는 좋은 사례로 다시 한 번 홀리데이 월드를 살펴보자. 홀리데이 월드의 첫 번째 토크 트리거는 무제한 무료 음료다. 그 특전은 지금까지도 많은 사람이 이야기하고 있다. 그러나 그것만으로는 단막극에 지나지 않는다. 여기에 더해 반복할 수 있고 주목할 만하며 타당한데다 더운 날씨마저 관련이 있는 '추가 요소'라면 그야말로 압도적인 역할을 한다.

홀리데이 월드가 무제한 무료 음료에 더 별난 자매 토크 트리거를 추가한다면 어떻게 될까? 홀리데이 월드는 토크 트리거 팀의 도전의식을 북돋워 이 일을 해냈다. 커뮤니케이션 책임자 폴라 베르네는 이런 질문으로 시작했다. 차세대 혁신은 무엇이어야 할까? 무료 음료 외에 우리가 할 수 있는 다른 일은 없을까?

"몇 개월 후 우리는 다시 한자리에 모였습니다. 당시 워터파크를 담당하고 있던 여성이 자외선 차단제 관련 아이디어를 냈죠. 자외선 차단제가 없어서 바르지 못하는 사람을 매일 워터파크에서 일하는 사람보다 더 많이 보는 사람이 어디 있겠습니까?"

자외선 차단제!

홀리데이 월드는 그 가능성에 달려들었고 공원 전역에 SPF 30 자외선 차단제 약 20만 ml를 보관하는 키오스크를 만들었다. 베르네가 말했다.

"우리는 자외선 차단제를 자주 바르라는 홍보를 정말 열심히 합니다. 자외선 차단제를 바르고 조금 기다렸다가 물에 들어가고 물에서 나오면 좀 더 바르라고 말입니다. 이것은 사람들의 건강 증진을 위한 홍보 활동입니다."

많은 양의 자외선 차단제 절도 때문에 긍정적인 면은 별로 없고 지출만 크게 늘어나는 것이 아닐까 싶을지도 모른다. 그러나 홀리데이 월드 팀은 고객들이 자외선 차단제와 무료 음료를 매우 고맙게 생각하며 할인매장에서 쇼핑하듯 행동하는 경우는 많지 않다는 사실을 발견했다.

"사람들은 대개 대단히 고마워합니다. 공원을 깨끗하게 유지하기 위해 우리가 열심히 일하면 사람들이 고맙게 여기고 쓰레기를 함부로 버리지 않는 것과 비슷하죠. 심리적인 면을 보아야 합니다. 누군가가 자신에게 좋은 일을 해주면 그 선의에 보답할 마음이 생기지요."

홀리데이 월드는 고객들이 공원, 무료 음료, 자외선 차단제를 소중히 다뤄 선의에 보답할 뿐 아니라 자신의 좋은 경험을 친구와 가족 그리고 평가와 리뷰 사이트에서 자주 공유한다는 것을 알았다. 결국 홀리데이 월드의 토크 트리거는 이 조직의 입소문에서 오래 지속되는 요소가 되었다.

차별화의 핵심은 계속 변화하는 것

고객은 브랜드 구축과 유지에서 큰 힘을 발휘한다. 범용화는 제품과 서비스뿐 아니라 브랜드 경험과 약속에서도 일어난다. 딕슨^{Dixon}, 토만^{Toman}, 델리시^{DeLisi}는《수월한 경험^{The Effortless Experience}》에서 이렇게 지적했다.

　"범용화는 21세기 사업에서 피할 수 없는 냉정한 현실이다. 창업에서 시장 수용의 정점, 다른 모든 이들이 당신의 훌륭한 새 아이디어를 훔쳐가 자신의 것이라고 칭하는 데까지 걸리는 시간이 거의 0으로 수렴하고 있다. 브랜드를 차별화할 어떤 것을 가졌다고 생각하자마자 경쟁자들이 똑같은 제품이나 서비스를 내놓는다."

　우리가 조사한 바에 따르면 고객이 '정말로 차별화했다.'고 생각하는 기업은 전체의 20%에 불과하다. 사실 고객은 대부분 어떤 대상을 주목할 만하다고 생각하지 않는다. 그럴 만큼 충분히 다르지 않기 때문이다. 특정 아이디어나 물건을 이야깃거리가 될 만하게 만드는 것은 시간이 흐르면서 점차 변한다. 그렇다면 당신의 토크 트리거 역시 변해야 한다.

'좋다'를 넘어서는
수준 높은 고객 경험을 마련하라

당신이 무슨 일을 하든 아주 능숙한 것만으로는 충분치 않다. 영업상의 탁월성과 강력한 고객 경험은 이미 얻은 고객을 유지하는 데 도움을 주며 그 자체로 가치 있는 목표다. 하지만 '좋다.'는 두 글자 단어일 뿐이다. 그것만으로는 많은 대화를 촉발할 수 없다. 소비자가 기업이 더 수준 높은 고객 경험을 제공할 것이라고 예상하며 기대하기 때문이다.

그보다 더 앞선 것이 필요하다. 고객에게 당신 이야기를 설득력 있고 강렬하게 전달하는 데 필요한 재료를 제공하는 토크 트리거가 있어야 한다.

이제 당신은 차별화 요소가 토크 트리거가 되기 위해 필요한 4가지 조건을 알고 있다. 5가지 토크 트리거 유형도 살펴보았다. 토크 트리거를 만드는 6단계 과정도 배웠다.

나머지는 당신에게 달려 있다.

똑같은 것은 지루하다. 뭔가 다른 일을 시도하라. 괄목할 만한, 이야깃거리가 될 만한 일을 말이다.

이 책의 '부록'에는 지금까지 각 챕터에서 강조한 내용을 요약해 두었다. 당신이 빠르고 쉽게 입소문을 만들 수 있도록 마련한 것이니 참고하기 바란다. 또 당신에게 도움이 될 만한 추가 자료도 홈페이지

에 올려두었다. 그것을 잊지 마라. 거기에서 어떤 토크 트리거를 찾
을지도 모른다!

마지막으로 부탁이 하나 있다. 이 책이 마음에 든다면 친구들에게
입소문을 내주길 바란다.

부록

입소문으로 흥하는 지름길

이 책을 이제 막 다 읽었다면 축하한다.

당신은 토크 트리거로 고객 대화를 유발하고 사업을 구축하는 과정에 접어들었다. 이 손쉬운 참조 가이드는 당신이 필요로 할 때 주요 원리를 빨리 기억하도록 돕기 위해 마련했다. 책에 있는 모든 사례 연구, 각 기업의 규모와 업계 유형, 회사가 B2B(기업 대 기업)기업인지 아니면 B2C(기업 대 소비자)기업인지도 언급했다. 언젠가 이 책의 사례가 떠올랐을 때 쉽게 찾고 다시 읽는 데 유용할 것이다.

당신이 당장 책을 획획 넘겨보는 유형이라면 이 참조 가이드로 이 책에 무엇이 들어 있는지 알아보라. 또한 동료나 우리와 함께 입소문을 논의할 수 있는 온라인 커뮤니티를 비롯해 무료로 이용 가능한 많은 자원도 있다. 우선 홈페이지부터 들러보라. 그리고 나서 마음이 내키면 언제든 우리에게 메일로 연락해도 좋다.

| 챕터 1 | 비싼 광고 10편보다 잘 만든 입소문 하나가 낫다

사례 연구

- 치즈케이크 팩토리(대, B2C, 레스토랑)

요점

- 입소문은 그 어느 때보다 효과적이다.
- 기업 신뢰가 감소하면서 서로 간의 소비자 신뢰는 증가하고 있다.
- 입소문은 교환하는 정보가 구체적일 때 가장 좋은 효과를 낸다.
- 토크 트리거는 의도적인 운영상의 차별화 요소로 고객 사이에 대화를 유발하고 그 과정에서 새로운 잠재고객을 끌어들인다.

주요 자료

- 미국에서 이뤄지는 소비자 구매의 19%는 직접적인 입소문이 유발한다.
- 미국, 영국, 브라질, 중국에서는 다른 어떤 요인보다 입소문이 구매 결정에 많은 영향을 준다.
- 입소문이 B2B에 주는 영향은 더 크다.

| 챕터 2 | 어떤 이야기가 입소문의 방아쇠를 당기는가

사례 연구

- 더블트리 바이 힐튼 호텔 앤 리조트(대, B2C, 접객)

요점

- 오프라인 입소문은 강력한 경우가 많다. 소비자가 온라인이나 소셜미디어에서 하는 방식으로 경험을 관리하지 않기 때문이다.
- 소셜미디어는 입소문과 다르다. 소셜미디어는 입소문의 전달 기제 중 하나다.
- 입소문은 항상 발생하지만 최고 기업은 의도적으로 대화를 유발한다.

주요 자료

- 소규모 기업은 입소문이 그들의 가장 효과적인 판매 경로라고 말한다.

- 온라인과 오프라인 입소문은 각각 기업 이야기 전체의 약 50%를 차지한다.

- 우리는 입소문 마케팅을 위해 구체적인 계획을 세운 기업이 전체의 1%에 못 미치는 것으로 추정한다.

| 챕터 3 | 똑같은 것은 지루하다

사례 연구

- 윈저원 목재(중, B2B, 제조)

요점

- USP는 하나의 특성이다. 토크 트리거는 스토리로 표현한 혜택이다.

- 입소문 발생이라는 맥락에서는 '좋다.'로 충분치 않다.

- 입소문 시나리오에는 4개의 고객 집단, 즉 특이성 추구자, 경험 조언자, 기본 선호자, 회의론자가 있다.

- 경험 조언자는 다른 사람이 자주 의견을 묻는 소비자다. 특이성 추구자는 색다른 기업을 노골적으로 찾는다. 기본 선호자는 의례적인 '좋은' 경험을 추구한다. 회의론자는 기업의 차별화 요소를 거부한다고 말한다.

주요 자료

- 제품, 서비스, 기업의 직접 경험을 이야기하는 것은 가장 강력한 형태의 대화로 전체 입소문 활동의 80%를 차지한다.

| 챕터 4 | 전략1: 〔주목성〕 목에 새긴 문신처럼 눈에 잘 띄어라

사례 연구

- 엄프콰 은행(대, B2C/B2B, 금융서비스)
- 록버스터(소, B2C, 서비스)

요점

- 우리는 선천적으로 달라지기보다 나아지려고 한다.
- 사람들은 완벽하게 적절한 경험은 거의 이야기하지 않는다.
- 차별화 요소가 토크 트리거가 되려면 충족해야 하는 4가지 기준이 있다. 주목할 만하고, 관련성이 있고, 타당하고, 반복할 수 있어야 한다.

주요 자료

- 고객에게 100% 마음에 드는 차별화 요소는 존재하지 않는다. 그런 것이 있다면 대화를 유발할 만큼 다르지 않을 것이다.

| 챕터 5 | 전략2: 〔관련성〕 비즈니스와 연관된 서비스를 제공하라

사례 연구

- 홀리데이 월드 앤 스플래싱 사파리(중, B2C, 접객)
- 프레시북스(중, B2B, 소프트웨어)

요점

- 당신의 토크 트리거는 당신 회사의 전체 포지셔닝과 분위기를 뒷받침해야 한다.
- 행사는 토크 트리거의 훌륭한 보완재일 수 있다.

| 챕터 6 | 전략3: [타당성] 고객에게 의심받는 서비스는 오히려 '독'이다

사례 연구

- 그레듀에이트 호텔(소, B2C, 접객)
- 파이브 가이스 엔터프라이즈(대, B2C, 레스토랑)

요점

- 기업이 진짜라고 하기엔 너무 좋은 것을 제공하면 고객은 의심한다. 진짜가 아닌 경우가 많아서다.
- 당신의 차별화 요소는 대화를 유발할 만큼 대담한 동시에 믿음을 얻을 정도로 타당해야 한다.
- 토크 트리거는 한 문장으로 설명할 수 있을 만큼 단순해야 한다.

주요 자료

- 소비자에게 지나친 약속을 하면 참여율이 떨어질 뿐 아니라 장기적으로 브랜드 신뢰도를 떨어뜨린다.

| 챕터 7 | 전략4: [반복성] 모두에게 매일, 똑같이 반복하라

사례 연구

- 펜 앤 텔러(중, B2C, 엔터테인먼트)
- 클루베 데 조르날리스타스(소, B2C, 레스토랑)

요점

- 놀라움과 기쁨은 홍보 활동이지 입소문 전략이 아니다.
- 토크 트리거는 마케팅(캠페인이나 판촉 같은)이 아니고 지속적으로 적용해 마케팅 이점을 만드는 운영상의 차별화 요소다.

- 일관성은 기쁨을 능가하며 신뢰를 구축한다.
- 고객을 일관성 있게 대우하지 않으면 혼란과 불신을 낳는다.

| 챕터 8 | 〔공감〕 고객이 처한 어려움을 이해하는가

사례 연구

- 아메리콜렉트(중, B2B, 금융서비스)
- 글렌 고라브 박사(소, B2C, 의료)

요점

- 토크 트리거에는 5가지 유형이 있다. 공감, 유용성, 관대함, 속도, 태도다.
- 공감과 인간애는 효과적인 토크 트리거다. 기업 운영에는 대부분 이런 요소가 극히 적기(있다고 해도) 때문이다.

주요 자료

- 보다 공감할 줄 아는 의사는 환자에게 소송당하는 경우가 적다.

| 챕터 9 | 〔유용〕 불편함을 해결해주면 호감이 생긴다

사례 연구

- 에어뉴질랜드(대, B2C/B2B, 운송)
- 스파이스웍스(중, B2B, 소프트웨어)

요점

- 공감을 토크 트리거로 이용할 정서적 발판이 없는 기업은 유용성을 고려하라. 고객에게 그들이 기대하는 것보다 더 많은 유용성을 제공한다.

| 챕터 10 | 〔관대〕 줄 때는 화끈하고 확실하게

사례 연구

- 안트베르펜 플랑드르 미팅 앤 컨벤션 센터(중, B2B, 접객)
- 스킵스 키친(소, B2C, 레스토랑)

요점

- 많은 기업이 소비자에게 주는 것을 줄여 이익률을 높이려 한다. 관대함의 토크 트리거가 효과를 내는 이유는 그것이 소비자에게 그들이 기대한 것보다 훨씬 많은 것을 주기 때문이다.

주요 자료

- 양은 줄고 가격은 똑같이 유지하는 '슈링크플레이션'이 점점 흔해지고 있다. 이로써 관대함의 토크 트리거는 더 두드러진다.
- 레스토랑의 물리적 환경은 식당 선택에 영향을 주는 가장 중요한 요인이다.

| 챕터 11 | 〔속도〕 언제나 고객이 알아채기 전에 움직여라

사례 연구

- 파라곤 디렉트(중, B2C, 자동차)
- KLM 네덜란드 항공(대, B2C/B2B, 운송)

요점

- 느려지는 것은 아무것도 없다.
- 3년 전에 즉각적인 대응으로 여기던 것이 지금은 당연한 것이 되었다.
- 이야깃거리가 될 만한 신속함은 높은 기준이다.

주요 자료

- 소비자의 41%는 기업과 접촉할 때 '내 문제를 빨리 해결해주는 것'을 좋은 고객

경험의 가장 중요한 요소로 본다.

- 속도는 '회사 직원의 정중함'보다 350% 더 중요한 것으로 평가받는다.
- 미국인 10명 중 9명이 기업에 전화할 때 5분 이상 기다리지 않는다고 말한다.

| 챕터 12 | 〔태도〕고객에게 예상치 못한 놀라움을 선사하라

사례 연구

- EC 샨탈(소, B2C, 서비스/제조)
- 우버플립(소, B2B, 소프트웨어)
- 우버컨퍼런스(중, B2B, 전기통신)

요점

- 기업은 대부분 확연하게 진지하다. 따라서 다른 접근법을 취해 효과적인 토크 트리거를 만들 수 있다.
- 효과를 보려면 경영진(어쩌면 특히)을 비롯한 회사 내 각계각층이 태도 토크 트리거를 수용해야 한다.

| 챕터 13 | 내부 식견을 모아라

요점

- 토크 트리거를 만들 때 따라야 할 6단계가 있다. 내부 식견 모으기, 고객에게 가까이 다가가기, 후보 토크 트리거 만들기, 테스트와 평가, 확장과 실행, 토크 트리거 증폭이 그것이다.
- 토크 트리거는 특정 부서 '소유'가 아니다. 그것은 회사 전체에 해당한다.
- 당신의 기막히게 좋은 트라이앵글은 마케팅, 영업, 서비스 출신 팀원이 토크 트리

거 작업을 위해 모인 집단이다.

- 1단계에서 참여한 팀원은 고객, 회사, 경쟁업체의 기존 자료를 수집한다.

| 챕터 14 | 고객에게 더 가까이 다가가라

요점

- 많은 사업자가 고객이 원하거나 필요로 하는 것이 무엇인지 확신하지 못한다. 고객 주변에서 보내는 시간이 너무 적기 때문이다.
- 리서치와 설문조사는 고객이 원하는 것을 표면적으로만 보여주며 그들이 진정 원하는 것을 보여주기는 어렵다.
- 소셜미디어 대화 자료는 고객의 진짜 감정을 밝히는 데 도움을 준다.
- 제품과 서비스 사용 데이터는 고객이 원한다고 말하는 것뿐 아니라 그들이 지금 실제로 하는 일이 무엇인지도 보여준다.
- 사내 영업과 서비스 담당 직원과의 대화는 고객 욕구를 밝히는 데 도움을 준다.
- 고객처럼 당신의 사업을 직접 경험해보는 것은 잠재 토크 트리거를 찾는 데 도움을 준다.

| 챕터 15 | 토크 트리거 후보군을 만들어라

요점

- 토크 트리거의 4가지 조건과 5가지 유형을 기억하고 고객이 진정으로 원하는 것을 선사할 잠재 아이디어를 4~6개 찾는다.
- 토크 트리거에는 제품과 브랜드라는 2가지 관점이 있다. 보통 제품 관점에서 시작하는 것이 가장 좋다.

- 저·중·고 복잡성과 저·중·고 영향이 나타나는 복잡성 지도에 잠재 토크 트리거를 표시한다.
- 복잡성 지도에서 첫 번째 토크 트리거의 이상적인 위치는 중 영향, 중 복잡성이다.
- 기업 내 토크 트리거와 관련해 잠재적 장애와 이의의 의미를 미리 파악함으로써 그것을 빠르게 해결하도록 한다.

| 챕터 16 | 입소문 효과는 어떻게 평가하는가

요점

- 토크 트리거가 입소문과 사업 성공 전반에 미치는 영향을 평가할 수 있다. 시간과 육체노동이 좀 필요할 뿐이다.
- 토크 트리거의 효과는 고객의 소셜미디어 대화, 이메일, 리뷰 등에 부분적으로 드러난다.
- 오프라인 입소문은 굉장히 강력하며 그 영향을 찾고 구분하려면 고객 설문조사가 필요할 수 있다.
- 후보 토크 트리거를 전면 추진하기 전에 고객의 하위집단으로 그것을 테스트한다. 대화에서 차지하는 비중이 10% 이상인 것(당신 기업의 차별점을 묻는 질문에 10명의 고객 중 1명이 힌트 없이 토크 트리거를 언급하는 것)이 목표다.

| 챕터 17 | 입소문을 회사 전체에 먼저 퍼뜨려라

요점

- 후보 토크 트리거가 테스트 환경에서 대화 내용의 10% 이상을 차지하면 회사 전체로 확장하는 것을 고려한다.

- 전면 채택과 증폭 뒤 토크 트리거가 장기적으로 성공하려면 대화 내용의 25% 기준을 넘어야 한다.
- 입소문이 효과적이고 지속가능하려면 회사 내의 3개 핵심 집단인 이해관계자, 직원, 기업 전체가 그 활동을 지지해야 한다.
- 토크 트리거를 전면 실시할 때 조직 내에 그 명분을 옹호하는 경영진이 있으면 유용하다.
- 토크 트리거의 성공을 조직 전체에 선전한다. 직원들이 당신의 차별화 요소를 알지 못하거나 거기에 신경 쓰지 않는다면 고객이 그렇게 할 이유가 있을까?

| 챕터 18 | 산뜻하고 간결하고 쉬울수록 강력해진다

요점

- 토크 트리거가 성공적으로 출발했다면 고객에게 알려 그것이 뿌리내리고 번성하도록 도와야 한다.
- 토크 트리거가 왜 존재하는지, 목표로 하는 대상이 누구인지 설명하는 데 도움을 주는 '왜냐하면' 진술을 만든다.
- 최고 토크 트리거 중 일부는 회사의 유료 광고로 증폭한다.

주요 자료

- 입소문은 판매 증진에 광고보다 5배 많이 기여한다.

| 챕터 19 | 입소문 유통기한을 늘려라

요점

- 일부 토크 트리거는 수년, 심지어 수십 년간 이어진다. 하지만 고객의 기대가 변

하면서 대화를 유발하는 힘을 잃는 것도 많다.

- 당신의 토크 트리거가 대화에서 차지하는 비중이 줄어들거나 한때 당신 특유의 것이었던 토크 트리거를 경쟁업체가 모방할 경우 6단계 과정의 처음으로 돌아가 새로운 차별화 요소를 찾는다.
- 전혀 새로운 토크 트리거를 만드는 대신 기존 토크 트리거에 추가하거나 기존 토크 트리거를 개선할 수도 있다.
- 토크 트리거는 기존고객을 자발적 마케터로 만든다.

주요 자료

- 회사가 버는 10달러 중 2~5달러는 입소문의 영향에 따른 것이다.

66

감사의 말 ——— 제이 배어

이런 책을 쓰는 데는 팀의 단합된 노력이 필수적이다. 우선 내 뛰어난 협력자이자 친구인 다니엘 레민에게 깊은 감사를 전한다. 그는 훌륭한 작가로 세계 최고 수준이라고 말할 만하다. 그와 함께 이 프로젝트에 생명을 불어넣을 수 있었던 것은 내게 큰 영광이었다.

가족을 사랑하는 마음과 감사는 여기에 다 표현할 수 없다. 지금까지 6권의 책을 쓰는 동안 매번 내 아내 앨리슨과 딸 애니카, 아들 에단의 무수한 희생이 있었다. 그들 덕분에 나는 '집필 모드'에 빠져 집중할 수 있었고 좋은 결과물을 얻었다. 내 가족에게 정말 고맙다.

컨빈스 앤 컨버트^{Convince & Convert}의 멋진 우리 팀에게도 감사한다. 컨빈스 앤 컨버트에서 우리는 세계적인 아이콘에 속하는 여러 정상급 브랜드와 작업하면서 그들이 토크 트리거를 만들고 마케팅과 고객서비스를 향상시키도록 도움을 주었다. 나는 매일 뛰어난 재능을 갖춘 전문가들에게 둘러싸이는 큰 축복을 누리고 있다.

이 책을 쓰는 초기 단계에 초고를 편집하고 원고의 전체 형태를 잡아준 크리스티나 페이더만큼은 특별히 언급하고 넘어가야겠다.

이 책을 위해 진행한 맞춤형 소비자 사고방식 연구에서 뛰어난 활약을 보여준 오디언스 오딧의 수전 바이어에게도 큰 신세를 졌다.

감사합니다, 수전.

우리의 저작권 대리인 짐 레빈에게도 감사를 전한다. 그의 안내와 식견에 담긴 가치는 도저히 헤아릴 수가 없다.

펭귄 포트폴리오^{Penguine Portfolio}의 팀 전체, 특히 우리에게 큰 도움을 준 편집자 메리 선에게도 감사한다.

많은 기업, 연구자, 학자, 작가, 컨설턴트 들의 믿기 힘든 기여가 없었다면 이 책은 존재할 수 없었을 것이다. 고맙게도 그들은 이 책을 쓰는 데 자신들의 시간과 식견을 할애해주었다. 테드 라이트(서문을 써주어 감사합니다), 존 잔스, 조나 버거, 에드 켈러, 앤디 서노비츠, 스튜어트 포스터, 스콧 매케인, 샐리 호그셰드, 엠마뉴엘 로젠, 브라이언 번트, 크레이그 플린, 제이 소퍼, 폴라 베르네, 매트 에케르트, 마이크 맥더먼트, 스파이크 존스, 루이자 토레스 브랑코, 켄린 그레츠, 디아나 크리스트슨, 글렌 고라브 박사, 제이 홀버그, 아냐 스타스, 스킵 왈, 브라이언 벤스톡, 칼레브 라이언, 랜디 프리슈, 션 엘리스, 재키 우드워드 모두 감사드린다.

66

감사의 말 ———— 다니엘 레민

이 책의 윤곽을 잡고 글을 쓰고 리서치를 하고 편집하는 것은 정말로 즐거운 일이었다. 이야기마다 사소한 부분까지 매력적이고 인간미가 가득하다. 우리는 그 과정에서 훌륭한 사람들을 만나는 기회를 누렸다(록버스터의 제이 소퍼, 프레시북스의 마이크 맥더먼트, 당신들 정말 끝내줘요).

제이 배어와 내 휴대전화에는 함께 찍은 셀카가 있다. 어느 해 12월 중순 무렵 제이의 집 호숫가에서 찍은 사진이다. 우리는 멋진 장면을 연출하기 위해 선창으로 기어 올라갔고 거의 얼어붙은 물에 빠질 위험을 무릅썼다(실제 사진을 보면 표정도 좀 얼어 있는 듯 보이는데 이건 정말 내 몸이 얼어 있었기 때문이다).

제이와 이 책을 함께 만든 것은 큰 영광이자 즐거움이었다. 그의 열정과 에너지에는 끝이 없다. 우리가 오랜 시간 함께 일할 수 있었던 것에 감사한다.

책을 만드는 것처럼 큰 프로젝트를 진행하려면 많은 사람이 필요하다. 또 용기와 감사하는 마음도 있어야 한다. 제이가 말한 많은 분이 우리에게 아낌없이 시간을 할애해주었다. 그분들께 진심으로 감사드린다.

내가 책을 쓰고 리서치를 하는 동안 먹을 것과 마실 것이 떨어지지 않도록 도와주고 끈기 있게 지켜봐준 스티븐에게 감사를 전한다.

집필하는 대부분의 시간 동안 함께해주고 여러 차례 마티니를 마시며 자문을 해준 내 친구 리사 뢰플러와 아람 말리니치에게도 감사한다.

펭귄 포트폴리오의 메리 선에게도 감사한다. 제이의 예상은 적중했다. 그녀는 열정적으로 협력해주었고 뛰어난 편집 파트너였다.

이 책 도처에서 만날 수 있는 재미있는 일러스트레이션을 맡아준 크리스 앤서니 토레고사에게도 감사드린다.

우버컨퍼런스의 공동창립자로 훌륭한 통화 연결음을 만들어낸 알렉스 코넬에게 감사한다. 이 책을 이야기하는 나를 봤다면 내가 그 음악을 얼마나 사랑하는지 알게 될 겁니다. 나는 아직도 통화 신호를 기다리면서 큰 희열을 맛보고 있습니다!

책은 아직 끝나지 않았다. 나는 우리 독자 커뮤니티에서 이 도구들을 어떻게 사용하는지 보게 되기를 고대하고 있다.

66

마치며 _____

이 책은 사람들이 보유한 힘을 다루고 있다. 토크 트리거가 기업이 더 전략적이고 효과적으로 고객 대화를 유발하도록 돕는 데 성공하는 것은 전적으로 온라인과 오프라인에서 활동하는 당신에게 달렸다.

이 책이 마음에 든다면 이 책을 이야기하라! 온라인으로 이야기한다면 우리와(우리나) 해시태그 #TalkTriggers를 태그하라. 이야깃거리가 될 만한 두드러진 순간을 만들어준다면 우리가 특별한 선물을 준비할 것이다.

또한 토크 트리거나 토크 트리거를 만드는 방법과 관련해 이 책에 싣지 못한 많은 추가 자료가 있다는 것도 잊지 마라. 우리 홈페이지를 찾아 동영상, 웨비나(웹 세미나), 새로운 사례 연구, 워크시트, 특별한 놀랄 거리를 접해보기 바란다.

우리는 토크 트리거를 구축한다

우리는 기업과 함께 일하면서 그들이 토크 트리거 차별화 요소를 찾고, 계획하고, 테스트하고, 평가하고, 조작하도록 지원한다. 토크 트리거라는 전제에 흥미를 느꼈지만 조직 내에서 구동하는 데 도움이 필요하다면 우리에게 메일로 연락하라. 즉시 답을 주겠다.

무대 위의 토크 트리거

우리는 전 세계를 여행하면서 토크 트리거와 입소문의 중요성을 담은 메시지를 전파하고 있다. 기조 연설, 맞춤형 워크숍, 웨비나, 기타 교육 등 다양한 형태로 강연이 가능하다. 우리를 초청해준다면 영광일 것이다. 방법은 간단하다. 우리에게 이메일을 보내기만 하면 된다.

2020년
제이 배어, 다니엘 레민

토크 트리거

2020년 6월 17일 초판 1쇄

지은이 · 제이 배어, 다니엘 레민
펴낸이 · 김상현, 최세현 | 경영고문 · 박시형

책임편집 · 양수인 | 디자인 · design林 김희림 | 교정 · 이새별
마케팅 · 양봉호, 양근모, 권금숙, 임지윤, 조히라, 유미정
경영지원 · 김현우, 문경국 | 해외기획 · 우정민, 배혜림 | 국내기획 · 박현조 | 디지털콘텐츠 · 김명래

펴낸곳 · ㈜쌤앤파커스 | 출판신고 · 2006년 9월 25일 제406-2006-000210호
주소 · 서울시 마포구 월드컵북로 396 누리꿈스퀘어 비즈니스타워 18층
전화 · 02-6712-9800 | 팩스 · 02-6712-9810 | 이메일 · info@smpk.kr

ⓒ 제이 배어, 다니엘 레민 (저작권자와 맺은 특약에 따라 검인을 생략합니다)
ISBN 979-11-6534-176-3 (03320)

쌤앤파커스(Sam&Parkers)는 독자 여러분의 책에 관한 아이디어와 원고 투고를 설레는 마음으로 기다리고 있습니다. 책으로 엮기를 원하는 아이디어가 있으신 분은 이메일 book@smpk.kr로 간단한 개요와 취지, 연락처 등을 보내주세요. 머뭇거리지 말고 문을 두드리세요. 길이 열립니다.